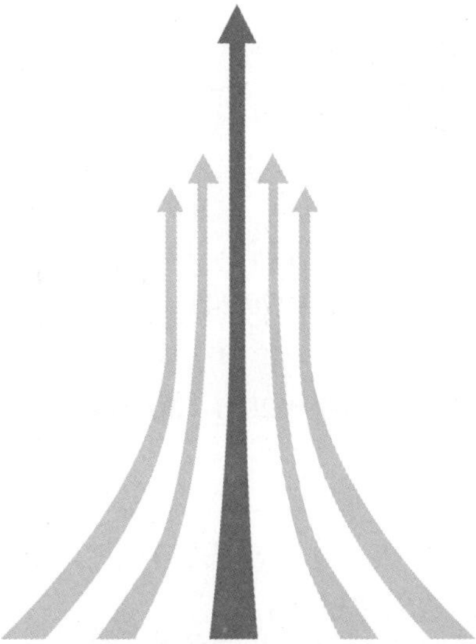

专精特新

中小企业的冠军之道

祖林　谢丹丹　何伟立◎著

企业管理出版社
ENTERPRISE MANAGEMENT PUBLISHING HOUSE

图书在版编目（CIP）数据

专精特新：中小企业的冠军之道 / 祖林，谢丹丹，何伟立著. -- 北京：企业管理出版社，2022.1

ISBN 978-7-5164-2159-8

Ⅰ. ①专… Ⅱ. ①祖… ②谢… ③何… Ⅲ. ①中小企业—企业发展—研究—中国 Ⅳ. ① F279.243

中国版本图书馆 CIP 数据核字（2021）第 274753 号

书　　名：专精特新——中小企业的冠军之道
书　　号：ISBN 978-7-5164-2159-8
作　　者：祖　林　谢丹丹　何伟立
策　　划：朱新月
责任编辑：尤　颖　曹伟涛
出版发行：企业管理出版社
经　　销：新华书店
地　　址：北京市海淀区紫竹院南路 17 号　**邮　　编：**100048
网　　址：http://www.emph.cn　**电子信箱：**zbz159@vip.sina.com
电　　话：编辑部（010）68701661　发行部（010）68701816
印　　刷：河北宝昌佳彩印刷有限公司
版　　次：2022 年 3 月第 1 版
印　　次：2022 年 3 月第 1 次印刷
开　　本：710mm × 1000mm　1/16
印　　张：17 印张
字　　数：176 千字
定　　价：78.00 元

专精特新——中小企业的冠军之道

编委会

周文辉 中南大学商学院教授、博士生导师

李雷鸣 中国石油大学（华东）教授、博士生导师

朱国玮 湖南大学工商管理学院课程建设与案例开发中心主任

许晓霞 华南理工大学工商管理学院高级管理培训 EDP 中心创始人
EDP 同学会秘书长

谢丹丹 专精特新企业研究员、前知名管理杂志高级记者

何伟立 企业战略落地实战顾问、前知名电视台栏目主编

Foreword | 序言

专精特新中小企业迎来了发展的春天。国务院以文件形式提出“鼓励小微型企业走‘专精特新’与大企业协作配套发展的道路”以来，这是国家层面首次为中小企业发展方向“定调”，支持力度前所未有。

中小企业有自己的独门绝技，抵御风险的能力更强，有灵气、有活力，善于迎难而上，自强不息，能办大事。在补链、延链、强链行动中，为解决“卡脖子”难题发挥了重要作用。国家着力培育专精特新中小企业，有助于衔接生产链的断点、增强产业链韧性、提高经济抗风险能力。

培育有核心竞争力的专精特新企业，是带动广大中小企业走高质量发展的必由之路。要支持创新型中小企业发挥专精特新特长，使其有机会进入产业链创新链，助力攻克产业链创新链上的难点、堵点、断点，推动解决“卡脖子”难题，形成创新新模式。

专精特新中小企业应取道“窄而深”，深耕专一领域，在细分市场找准定位，精心打磨，形成具有竞争优势的自有品牌产品，在未来成长为细分行业领先的专精特新“小巨人”或制造业单项冠军。我们有理由相信，专精特新中小企业通过创新平台的强力支撑，财税扶持政策的落地细化，要素保障的多元化服务，一定会担当起强国战略发展的历史重任。

多氟多是国家单项冠军企业，在坚持创新发展的过程中，始终与时代同行，与强国战略共振，国家需要什么，我们就做什么。以一个小小的氟元素为起点，不断沿着“萤石矿—氢氟酸—氟化锂—六氟磷酸锂—锂电池”产业链进行延伸布局。多氟多通过“氟锂结合”，叩开新能源的大门，通过“氟硅分家”进军半导体领域。多氟多的探索路径非常契合祖林老师所讲的“求专、求精、求特、求新，做专、做精、做特、做新”的思考逻辑。

唯有创新不辜负。企业创始人首先要有“求”的意识和“变”的决心，在行动上才会求新、求变。这本书对于当前正处在探索中的民营企业而言，是一个很好的指引，无论是思想上，还是行为上。我们衷心希望更多的专精特新企业成长起来，在强国战略新征程上开花结果，造福人类。

多氟多新材料股份有限公司董事长　李世江

Preface | 前言

2021 年 7 月 30 日，中共中央政治局召开会议，分析研究经济形势，部署下半年经济工作。会议要求强化科技创新和产业链供应链韧性，开展补链、强链专项行动，加快解决“卡脖子”难题，发展“专精特新”中小企业。“专精特新”的概念首次被搬上政治局会议。

此后，国家主席习近平宣布设立北京证券交易所，打造服务创新型中小企业主阵地，创新型中小企业即“专精特新”中小企业。

2021 年年初，财政部、工信部联合宣布中央财政将累计安排 100 亿元以上奖补资金，分三批（每批不超过三年）重点支持 1000 余家国家级“专精特新”“小巨人”企业高质量发展。

中小企业在一系列有利条件下，迎来了政策风口。

在政府的不断号召之下，企业积极参与到“专精特新”的申报和认定中。当然，做企业本质上不是为了获得政府的认定，或者仅仅是为了奖励或补贴，而是要融入国家倡导的新兴战略产业领域并强链、补链，从而提升企业的综合竞争力。

国家倡导“专精特新”、政府奖励“专精特新”，一时间，“专精特新”广受关注。在新冠肺炎疫情、数字经济和双碳目标等世纪巨变背景下，“专精特新”道路究竟能够给广大中小企业带来哪些启示？

企业怎么用“专精特新”指导经营？直接地说就是16个字：求专、求精、求特、求新，做专、做精、做特、做新。

在谋划上“求”。遵循地域—产业—行业—目标客户群—解决方案—产品—技术这七个步骤，在战略上求专、求精、求特、求新。

企业根据自己的技术基因进行市场地域的定位：立足全球市场、国内市场、区域市场还是当地市场？为哪个产业服务？在这个产业当中立足哪个行业？面向什么样的细分目标客户（消费者）群体？客户的使用场景是什么？有什么样的痛点？

为此，企业提供什么样的差异化解决方案？为了实现这个方案价值，需要什么样的“专精特新”产品？为了开发这个“专精特新”产品，需要开发什么样的“专精特新”技术？

在行动上“做”。在技术—产品—解决方案—目标客户群—行业—产业—地域这条路线上做专、做精、做特、做新。

企业通过在某一个细分领域的技术研究，开发出独有技术，创造独特产品；通过差异化的解决方案实现对客户的独特价值，获得目标客户（消费者）群体的长期信赖和持续合作；在某个细分行业获得数一数二的市场占有率，进而贡献于产业发展，在相应的市场地域建立冠军地位。

专业化、精细化、特色化、新颖化，“专精特新”既是思维方式、思考方法，又是企业的行为方式、作战方法。

本书将从六个方面和大家进行探讨。

第一，利基战略。

“专精特新”企业本质上采用的是利基战略，从细分领域切入，通过专业化、精细化、特色化、新颖化等各种差异化手段，从而创造一个又一个细分市场的第一。

第二，产业经营。

因为处于细分市场，市场容量有限，所以“专精特新”企业必须从产品思维过渡到产业思维，要把自身发展融入国家产业发展中，立足产业，思考未来。

第三，一体化运营。

“专精特新”企业想要持续发展，就必须要做到“一体化运营”，即产、销、研一体化；战略、流程、组织一体化；理念层、战略层、运营层一体化。企业必须懂得平衡，从而依靠整体实力实现持续发展。

第四，行业总成本最低。

任何企业都会经历行业衰退、萧条、复苏、繁荣的阶段，只有做到持续降本增效、建立行业整体总成本最低的优势，始终保持10% 以上的利润，才能真正做到高质量发展。

第五，技术基因。

掌握独门绝技，是“专精特新”企业立足的根本。但如何把技术基因扩展成文化基因、组织基因，最终转化成企业发展的综合实力，是中小企业实现可持续发展必须要思考的问题。

第六，组织力建设。

依靠走“专精特新”道路，企业能成功创造出第一个冠军产品，但想要继续发展壮大，就必须不断创造一个又一个冠军产品，最终内化为企业自身的组织能力，这时就必须依靠团队作战。

“专精特新”是国家在新的历史时期倡导的中小企业发展之路。从求专、求精、求特、求新，到做专、做精、做特、做新，小公司融入国家强链补链工程，为消费者的幸福生活贡献产品和创意是小公司活下去的“康庄大道”。

特别鸣谢

导 师 团

李世江 多氟多新材料股份有限公司董事长

蒋明泉 大地电气股份有限公司董事长

楼仲平 双童日用品有限公司董事长

张旭明 海丽雅集团有限公司董事长

汪博士 广东邦固化学科技有限公司董事长

董社森 郑州森鹏电子技术有限公司董事长

陈 花 竞网数字科技集团联合创始人

支持单位

山东省中小企业服务机构促进会

河南省企业联合会

河南省企业家协会

安徽省工商企业合作交流商会

山西省专精特新企业联合会

江苏明道商学

广州市企业联合会

深圳市中小企业服务协会

佛山市企业上市促进会

Contents | 目录

第一章　利基战略：专精特新企业的冠军之道

第二章　产业经营：中国专精特新企业的生态路径选择

第三章 一体化运营：消除专精特新道路上的战略盲点

第四章 成本优势：夯实专精特新企业的高效益根基

第五章 技术为王：专精特新企业的多基因构建

第一章

利基战略

专精特新企业的冠军之道

1

“专精特新”企业选择了一条少有人走的路。基于自身实力以及内外机会的综合考虑，“专精特新”企业往往另辟蹊径，从一个被大企业忽略的独特细分市场切入，然后集中所有的资源，一点一点攻克。在这样的情况下，“专精特新”企业能在独特细分市场形成自己的局部优势，包括技术优势、产品优势和市场优势。

这种战略举措被称为利基（Niche）战略，“利基”意为狭小、细分的市场，利基战略是大多数“专精特新”企业迈出的第一步。

第一节
隐形冠军：全球卓越企业的民间实践

一、专精特新溯源：隐形冠军

谈到“专精特新”，就必定离不开“隐形冠军”这个概念，因为二者有很多共同点，比如都以中小企业居多，创业之初都是聚焦细分行业，都是工匠精神和高质量发展的代表。如果把它们理解为一种企业类型的话，那么最早发现这群企业存在的是德国人赫尔曼·西蒙。

1. 1986：隐形冠军在德国

1986 年，德国教授赫尔曼·西蒙发现一个有意思的现象：德国的经济总量不过美国的四分之一，出口额却雄踞世界第一，其中最大的功臣竟然是一群在细分行业默默耕耘数十年甚至上百年的中小企业，它们大多数默默无闻，却早已是全球的行业领袖。

隐形冠军有三个明显的特征。

第一，位于所在细分市场全球前三或者区域市场第一的位置；

第二，营业额低于 50 亿欧元；

第三，不为大众所熟知。

随后，西蒙教授通过一系列的调研，终于揭开了这群“隐形冠军”的神秘面纱。它们的“素描画像”大致如下。

（1）平均年龄 66 岁，38% 的隐形冠军有超过 100 年的历史；

（2）平均年增长率 8.8%;

（3）平均占有市场领导地位达 22 年之久；

（4）市场占有率超过其最强的竞争对手一倍有余；

（5）2/3 的“隐形冠军”至少在 5 ～10 年前，就做过具有里程碑意义的关于市场的决定；

（6）高价值的良性市场占有率导致高利润，而非通过“侵略性价格”。

除此之外，“隐形冠军”拥有核心竞争力和明确的战略，它们的产品和服务往往不可替代，难以被超越和模仿。“隐形冠军”这一概念的提出，使得人们开始把目光从对大企业的关注，转向像“隐形冠军”这样的小企业身上。

2. 隐形冠军传入中国

在西蒙教授提出“隐形冠军”概念那一年，中国的市场经济处于萌芽阶段，乡镇企业作为一支特殊的力量正在异军突起。财经作家吴晓波在《激荡三十年》一书中写道：“《亚洲华尔街日报》的评论则说‘很多农民企业家几乎没有任何商业方面的经验，他们不知道如何管理一家工厂，不知道如何做财务报表，也不知道怎样才能生产出质量合格的产品’。但是，令《亚洲华尔街日报》惊奇的是，这些企业家的事业正欣欣向荣地成长起来。”

2001年中国加入WTO，融入经济全球化浪潮，开始充分享受国际化分工带来的红利。2002年，“隐形冠军”概念由广州日报报业集团《赢周刊》杂志引入中国，但在当时中国急速发展的社会背景下并未引起太大的波澜。2005年，《当代经理人》杂志开始做“中国十大隐形冠军”的评选，并持续数年。

依靠低成本优势，21世纪初的中国已经涌现出了一批“隐形冠军”。当时，格兰仕集团（以下简称格兰仕）已经是全球最大的微波炉生产企业，占据三分之一的市场份额。1993年，格兰仕从生产羽绒服转向生产微波炉。创始人梁庆德斥巨资引进了当时世界最先进的微波炉生产线，格兰仕当年微波炉年产量仅1万多台，两年后产量跃居全国第一，1998年，格兰仕成为行业全球冠军。

20世纪90年代，微波炉生产在欧美市场已经成为传统产业，制造成本成为最重要的竞争要素。根据联合国《2002年贸易和发展报告》数据显示，1998年美国、日本、韩国的劳动力平均工资分别是中国的47.8倍、29.9倍和12.9倍。[①]

通过大规模为跨国公司代工，格兰仕快速崛起，成为名副其实的“隐形冠军”，在与竞争对手的博弈中获得生存空间。格兰仕是将劳动力成本低的优势发挥到极致的典型代表。

吴晓波曾在《激荡三十年》里提出：低成本，是中国制造一开始的全部优势。[②]

---

① 刘巳洋等：《格兰仕成本领先战略的成功之路》，载《日用电器》，2008（4）。
② 吴晓波：《激荡三十年》，北京：中信出版社，2008年版。

但从 2002 年开始，格兰仕的低成本战略不断受到挑战。这一市场开始进入成熟期，微波炉成为生活必需品。消费者对价格的敏感度逐渐下降，他们更看重功能齐全和技术领先。竞争对手美的当时推出了“食神蒸霸”“电子除味”等创新产品，大受市场欢迎。2001 年以后，格兰仕被迫加快了新产品的输出。当格兰仕试图把低成本领先战略复制到空调行业时，却无法奏效，因为美的、格力、海尔已经占据了空调领域 80% 的产能。

格兰仕早期的发展是中国制造的典型。随着中国经济快速增长，中国企业面临的痛点更为明显：处于价值链低端、不掌握核心技术、大而不强……

在浮躁的环境下，越来越多的企业把成为行业“隐形冠军”作为自己的目标，这一概念牵引着中国企业不断反思前行，摆脱价值链低端锁定的路径选择，摒弃机会主义和多元化，从而走一条专注聚焦的高质量发展道路。

3. 隐形冠军在日本

在日本，有一家企业叫青木株式会社，它是一个只有几十人的小企业，却成了世界飞机巨头波音公司的认证工厂，为波音飞机提供机翼加工产品，2009 年还联合设计开发并成功发射了小型卫星“MAIDO 1 号”。

在日本，“工匠精神”似乎是“隐形冠军”的代名词。从寿司、拉面到马桶盖、电饭锅，制造精良的日本产品遍及中国人生活的方方面面。“小作坊”“技术过硬”“长寿”是大众对日本“隐形冠军”

的独特印象。

2014年和2020年，日本经济产业省相继发布了《日本全球利基100强报告》，简称GNT(Global Niche Top)100。通过这个评选，中国企业可以更具象地去了解日本“隐形冠军”的内涵。

GNT企业指的是全球利基市场的头部企业，指专门从事细分领域业务和服务缝隙（Niche，音译利基）市场并在国际市场上具备竞争优势的一流优秀企业，在国际细分市场占重要地位并有重大贡献。GNT和“隐形冠军”企业的概念有异曲同工之妙。

2020年，日本113家公司被评为“2020年度GNT100企业”。

从平均数据来看，这些企业的全球市场占有率为43.4%，营业利润率12.7%，海外销售额占比45%。这些高占有率、高利润率及高度全球化的企业构成了日本优秀企业群。

GNT参评的基础标准只有一条，即市场占有率。

全球市场规模在100亿～1000亿日元的大型企业，其市场占有率至少在20%以上；大集团中营业额在1000亿日元以下的企业（他们称为“中坚企业”），全球市场占有率至少保持在10%以上；中小企业的全球市场占有率也须保持在10%以上。

但要被认定为GNT，可不仅仅只有这一条标准。

它分为四大模块。

（1）收益性：主要指的是人均年销售额和营业利润率。

（2）战略性：“隐形冠军”产品或服务的数量，国内外的客户数，新增的产品或服务占销售额的比重，员工增加人数，研发费用、研发员工的占比。与2014年版GNT评选相比，研发的相关投入是新增的板块。

（3）竞争优势：包括市场规模、全球市场占比、海内外的竞争者数量以及维持全球市场占有率在10%以上的年数。

（4）国际化：包括海外销售额占比、销往国家数量和海外国家据点数量。

从具体指标来看，GNT评选尤其关注日本“隐形冠军”未来发展的可持续性。

以“战略性”为例，如果日本A公司和中国高铁做业务，是独家供应商，他们在全球也只有这一家客户，对比全球其他三家同行，A公司的市场占有率第一。

就算是这样，A公司也不能被认定为GNT企业，因为中国高铁在全球同行业市场最大，A公司完全是通过中国高铁做到全球第一的，并且目前没有开发全球其他客户的打算，对单一客户的依赖度过大，有极高的经营风险。在战略性方面，A公司不如另外三家同行，这是重大缺陷。

以“对未来市场规模的预计”为例，通过这个指标可以判断出该行业所处的发展阶段，是产业成长期，还是衰退期？是朝阳产业，还是夕阳产业？另外，该评选还会考量企业是否有针对未来的战略考虑，例如海外市场拓展策略。

所以，GNT看似门槛不高，但评选标准兼顾全球市场占有率与利润，重视独创性与自主能力，重视独特产品被替代的风险，以及评估维持全球市场占有率的可持续性。

无论是在日本，还是在德国，专注细分市场和高市场占有率都是“隐形冠军”的典型特征，高市场占有率的背后，代表的是一种高质量发展思路。

二、隐形冠军的“四种错觉”

1. 隐形冠军就是做不大

社会上有一种声音认为：“隐形冠军”很难做大，一是因为细分市场容量有限，二是“隐形冠军”创始人多半不思进取、小富即安。

全球科技创新产业专家、科技投资人，海银资本创始合伙人王煜全曾撰文指出：“隐形冠军是一种自我锁死的模式，他们控制的规模何尝不是恐惧？隐形冠军是一种竞争策略，不包治百病。它对那些念念不忘改变世界的企业家来说，需要成长为苹果或者特斯拉那样引领风潮、改变人类生活的企业，他的版图是星辰大海。”[①]

但究竟是否如此呢？

江苏有一家民营企业叫恒力集团有限公司，虽然听上去很陌生，但是它的营收规模非常厉害。据 2021 年 8 月初《财富》世界 500 强榜单来看，恒力集团有限公司的营业额为 1007.73 亿美元，位列世界 500 强第 67 位。

它从最初一家濒临破产的纺织厂，发展到纺织业的“领头羊”，为了把“纺织”做得更专业，创始人陈建华不断地沿着产业链延

---

① 王煜全：《中小企业如何成为“隐形冠军”》，载《邵恒头条》，2019 年 101 期。

伸，短短数年间集团形成了从石化产业到聚酯化纤、长丝织造和高端纺机的完整产业链，如今恒力集团有限公司已经发展为全球最大的功能性纤维生产基地和织造企业之一。

华夏基石创始人彭剑峰曾研究了来自美国、日本、德国及欧洲其他地区的共300家“隐形冠军”企业。通过研究，他得出一个结论：“隐形冠军”通过专注于一个产业领域，把产品做精、做透，同样能做到世界500强。

可见，“隐形冠军”并非做不大，而是做大的“隐形冠军”早已过了“隐形”的阶段，不再被人关注，又或者是现阶段中国大多数“隐形冠军”还在成长的路上。

2. 把追求“隐形”当成目的

“隐形”不是目的，当“冠军”才是目的。

为什么“隐形冠军”会“隐形”？

首先，“隐形”的对象是针对大众而言在细分行业或者相关产业链上知名度很高。因为“隐形冠军”大部分处于产业链中间环节，没有直接面对消费者，所以在很多细分领域甚至都没有人听说过。

其次，这些企业大部分以技术见长，很大一部分更关注对技术的钻研，忽略对品牌的打造。当然，还有一部分是刻意低调，为了避免受到外界干扰，包括媒体以及竞争对手的注意。

所以，“隐形”实际上是呈现出来的一种现象，一种自然结果。

当然，还有一种论调认为，B2B行业高调做了品牌也没用，因为 2B 企业的决策链长，过程更为理性和复杂，通常要通过多方位评估，才能最终做出决策，且和客户一旦达成合作之后，可替代性不高。所以，大多数制造型企业做品牌的动力并不足。

上海锦湖日丽塑料有限公司是上海“专精特新”标杆企业。这家企业专门建立了定位传播部门，创始人辛敏琦认为：大多数人对获客成本缺乏认知。如果不是一个强势的品牌，不是品类里数一数二的企业，即使依靠强大的销售团队，“不信任”成本仍然非常高，有时会经过反复的验证，这都会耗费巨大的成本。

企业不能单纯地从短时间的产品销量来审视品牌的价值。品牌是一种社会关注度，强品牌背后隐藏的是人才和资源的链接能力。企业参与政府“专精特新”的认定，本质上是在建立品牌知名度和综合实力的认定。通过上榜，企业获得品牌传播的机会，获得社会关注，从而更容易链接国家资源和产业资源。

3. 隐形冠军是一种企业类型

媒体经常拿世界 500 强和“隐形冠军”做对比，前者被说成是“大而不强”，后者被认为是“小而美”“小而精”。事实上，有一个概念需要明确：“隐形冠军”不是企业概念，而是产品概念。

界定一家企业是否是“隐形冠军”，最重要的一个标准就是看它是否有全国乃至全球市场占有率第一的冠军产品，这和国家工信部提出的“单项冠军”概念类似。

企业把一个单项产品做到全国乃至全球第一，追溯起来可以有各种原因，包括政策、时机甚至运气。但任何产品都会有生命周期，都有可能被新技术颠覆，细分市场的容量也是有限的。企业如何不断开辟一个又一个冠军产品，是不断保持领先地位并迈向可持续发展的根本之道。

浙江义乌市双童日用品有限公司（以下简称双童）创立于1993年，20多年来它坚持只做吸管，把一根小小的吸管做成了行业唯一一个“中国驰名商标”，并且市场占有率全球第一。

但2019年左右，创始人楼仲平开始“动摇”：“隐形冠军”是否应该多元化？

后来他意识到作为一家制造企业，在坚持工匠精神的前提下，必须要做本产业相关产品的适当延续，生产一代，研发一代，储备一代，企业必须要有下一个5年、10年的增长点。2020年，双童把业务延伸到降解生物材料领域，以求得可持续发展。

打造冠军产品，最典型的是中国国际海运集装箱（集团）有限公司（简称中集集团）。据2020年《南方日报》报道，中集集团有24个产品品类位居世界第一，包括集装箱、登机廊桥、半挂车、低温气体运输车等，其中半挂车连续7年稳居全球销量第一。

严格来说，拥有一个“隐形冠军”产品并不能说该企业就是“隐形冠军企业”，企业经营是一场没有终点的“马拉松比赛”，“隐形冠军”产品是阶段性的成绩，“企业长寿竞技场”上没有“冠军”。人们常说“隐形冠军企业”，只是一个口头习惯而已。

松下（中国）前总裁木元哲曾说：冠军企业无法一劳永逸。①因为

① 谢丹丹：《中国隐形冠军要重视四个忠告和盲点！》，载《中外管理》，2020（Z1）。

随着技术的进化和产品的迭代，冠军产品随时可能成为“明日黄花”。

所以，“隐形冠军”不是一种和“世界 500 强”相对立的企业类型，而是一种产品概念、一种价值取向、一种竞争策略。

“专精特新”是道路，“隐形冠军”是结果。本书最核心的观点是：**企业用利基战略，走“专精特新”道路，成为世界冠军。“隐形”是结果，不是目的。**

4. 隐形冠军都是高质量企业

一提到某某企业是“隐形冠军”，大众的第一反应就是：哇，这家企业好厉害呀！但果真如此吗？

2020 年，有媒体对广东佛山南海区认定的 109 家全国“隐形冠军”企业做了一个统计。其中，10 家“隐形冠军”发生了亏损。抛开盈利最强的文化和消费品产业，金属材料及制品业、有色金属冶炼和压延加工业的冠军企业的平均利润率仅为 2.8% 和 1.5%，有 19 家“隐形冠军”企业专利数量少于 20 件。

但事实上，除了市场份额这个硬性指标，包括是否成为业内赶超的对象，是否能制定行业标准，是否具有行业话语权，是否在引领行业的变革发展等衡量条件也是衡量“隐形冠军”的标准。

在西蒙教授的统计里，85% 的管理者认为技术领先是“隐形冠军”企业显著的标志，其次靠前的有质量领先、知名度、产品系列宽度和声誉等。①

① 〔德〕赫尔曼·西蒙：《隐形冠军：未来全球化的先锋》，北京：机械工业出版社，2019 年版。

过去，依靠低成本要素，中国市场催生了一大批“虚胖”的冠军。企业是依靠内生型增长，还是市场的增长？市场份额是靠低价获取的，还是靠技术或者品质？这决定了“隐形冠军”是否是高质量发展。

长期研究“隐形冠军”的浙江大学社会科学学部主任吴晓波曾呼吁中国企业应该从“数量冠军”转向“质量冠军”。

在GNT评选中，企业的营业利润率至少在10%以上才算正常。因为既然是全球“隐形冠军”企业，以技术见长、在细分市场又是第一，产品附加值一定很高，自然就有较高的营业利润率，在日本，15%、18%这样的表现是经常看到的现象。

所以，当一家企业被称为“隐形冠军”的时候，它应该是各个方面的领导者。

第二节
专精特新：政府倡导的卓越道路

一、什么是“专精特新”

由于“隐形冠军”给人造成种种错觉，尤其是“隐形”二字带来的理解偏差，“专精特新”直接为高质量发展指明了道路，即专业化、精细化、特色化、新颖化。

1．专精特新的含义

说完“隐形冠军”，我们来讲讲“专精特新”。

首先，“专精特新”的含义如下。

“专”，即专业化。针对一个特定的领域，生产有专门用途的产品。其技术、工艺、产品都是专业性比较强的。

“精”，即精细化。通过精益求精的工匠精神和精湛的工艺技术，再加上精细化管理，从而生产出品质精良的产品。

“特”，就是从自身基因出发，创造和别人不一样的东西，这个“不一样”可以体现在工艺、配方、技术等方面，而不是大众化的。

“新”主要是体现在技术上的创新和领先性。

2. “专精特新”的历史背景

“专精特新”一词，由时任工信部总工程师的朱宏任首次提出，他在《中国产业发展和产业政策报告（2011）》新闻发布会上提道：“十二五”时期将大力推动中小企业向“专精特新”方向发展，即专业、精细管理、特色和创新。

随后，在工信部发布的《“十二五”中小企业成长规划》中提出：将“专精特新”发展方向作为中小企业转型升级、转变发展方式的重要途径，引导中小企业优化生产要素配置，促进中小企业集聚发展，形成一批“小而优”“小而强”的企业，推动中小企业和大企业协调发展。

2012年，国务院发布的《关于进一步支持小型微型企业健康发展的意见》中首次将“专精特新”“小巨人”写入报告，主要指代集中于新一代信息技术、高端装备制造、新能源、新材料、生物医药等中高端产业领域的、尚处发展早期的小型企业，它们始终坚持专业化发展战略，普遍具有经营业绩良好、科技含量高、设备工艺先进、管理体系完善、市场竞争力强等特点，并且极具发展潜力与成长性，有望在未来成为相关领域国际领先的企业。

从这些内涵概念来看，“隐形冠军”和“专精特新”其实是非常相近的，但最大的不同是“专精特新”是中国企业实现转型升级的手段和途径，而“隐形冠军”是一种结果。

二、为何大力推行“专精特新”

“隐形冠军”是一种市场行为，是企业自发的行为。而“专精特新”在国内更多是一种政府行为、行政行为。它的提出有几个大的背景。

1. 从价格到价值——跨越“中等收入陷阱”

2020 年初，中国人均 GDP 突破一万美元，这意味着中国迈入中等收入国家行列。一个国家跨入中等收入行列之后，很有可能停滞不前，无法进阶为高收入国家，经济学家把这一现象称为“中等收入陷阱”。

目前，只有日本、韩国等少数国家跨越了这一陷阱。从它们的经验来看，最重要的是成功地进行了经济发展模式的转型。正是劳动密集型经济向创新经济的转型，创造了韩国 20 世纪 70 年代的“汉江奇迹”。

中国能否成功突破，关键也在于此。

中国经济的第一个挑战就是经济模式正在从要素投入向创新驱动转型，未来中国的经济增长只能依靠创新与产业升级。①

如何拉动价值链向中高端攀升并切实把实体经济做实、做强、做优一直是中国经济转型升级的方向。随着人口老龄化加速，人口红利逐渐消失等要素的变化，中国的转型升级必须加快步伐。同

---

① 姚洋等：《中国 2049：走向世界经济强国》，北京：北京大学出版社，2020 年版。

时，扶持发展一批“专精特新”中小企业有利于与大企业协调发展，形成更良好的产业生态。中国经济“靠市场换技术”的时代已经过去，唯一出路就是创新驱动。

2. 全球化逆流下的产业突围

虽然从长期来看，全球化肯定是不可逆转的，但是从局部来看，若用全球进口总额占世界 GDP 的比例来衡量全球化程度的话，这一比例在 2008 年达到巅峰后，“逆全球化”的隐忧开始显现，且新冠肺炎疫情之后呈现加剧的态势。

“逆全球化”会带来关税贸易壁垒和科技贸易壁垒，直接产生成本上升和“卡脖子”等问题。目前来看，“卡脖子”问题正在呈现越发严重的态势。

2019 年中国拥有的世界 500 强企业数量首次超过美国，跃居全球第一。2021 年，中国连续 11 年位居世界第一制造业大国。然而，我国在关键领域仍然有 35 项技术被国外“卡脖子”，包括光刻机、激光雷达、操作系统等。

在世界 500 强榜单中，中国企业的平均营业收入和利润仅为美国入榜企业的 81% 和 60.3%。

逆全球化背景加速了中国企业转型升级的步伐。中国政府提出国内国际“双循环”，也是处于对内扩大内需，对外提升产业链安全的考虑。

时任中国国际经济交流中心经济研究部研究员的刘向东在接受《证券日报》记者采访时表示：“关键技术‘卡脖子’问题解决不了，

腰杆就很难硬起来。作为制造大国，我国必须要夯实基础工业和迈向产业链中高端，培育一批‘专精特新’的中小企业就是要在各行各业的产业链条中迈向中高端，拥有自己的‘金刚钻’”。

3. 破解工业基础薄弱难题，答案在宁波

中国工程院战略咨询中心制造业办公室主任、国家制造强国建设战略咨询委员会委员屈贤明一直在致力于破解工业技术薄弱和“卡脖子”难题。

据屈贤明介绍，事实上这些年政府一直在通过推行“产业基础高级化”工程来突破“卡脖子”问题，例如发挥中央、地方、企业联动合作的机制对重要行业进行集中突破。

但后来发现，大量问题只靠国家、地方政府来解决是不现实的。屈贤明初步梳理了一下，“五基”产品的数量大概在1000种左右，如果每一种都由国家出面安排项目是很难的。所以大量的产品要通过采用市场机制，依靠企业来解决。

2016年，屈贤明在带领中国工程院到宁波调研的时候，意外找到了一个非常有效的解决办法。

他发现宁波有一大批行业冠军民营企业，这些民营企业在解决了资金、技术、管理经验的积累后，开始在某一个细分技术领域做技术和资金的投入。它们专注于一个细分领域，没有技术就去引进技术，甚至不惜高薪聘请海外人才，靠这种办法，一大批“专精特新”民营企业成长起来了。

它们拥有自己的独特技术且技术含量高，并拥有很强的创新能

力。许多企业市场占有率已经处于世界前三的位置，这批企业已经找到了方向，并沿着这个方向继续充满信心地向前走。

由此而得到启发，中国必须通过扶植、培育一大批“专精特新”企业来解决工业强基的问题。

三、政府主导：四级梯度培育体系

2021 年 7 月 30 日，中共中央政治局会议首次提出发展“专精特新”中小企业，加快解决“卡脖子”难题，随后，北京证券交易所设立，以打造服务创新型中小企业主阵地。

从国家相关部委重金支持奖补，到高层会议密集部署，再到北京证券交易所的成立，“专精特新”中小企业培育已上升到前所未有的高度。

1. 专精特新培育体系

工信部提出：力争到 2025 年，通过中小企业“双创”带动孵化 100 万家创新型中小企业（即“专精特新”）、1 万家“专精特新”“小巨人”企业、1000 家制造业单项冠军企业和一大批领航企业。

四级培育体系包含以下几方面。

第一，“专精特新”企业，满足专业化、精细化、特色化、新颖化其中某一个领域的企业，可被认定为市一级或省一级“专精特新”企业。

第二，“专精特新”“小巨人”企业，指的是“专精特新”企业中的佼佼者，它们专注于细分市场，创新能力强，市场占有率高，掌握关键核心技术，质量效益优。

据 2021 年 8 月 15 日《经济日报》报道：自 2019 年来，工信部遴选公告了三批“专精特新”“小巨人”企业，4762 家中小企业上榜，入库培育“专精特新”中小企业 11 万多家，带动全国范围认定省级“专精特新”中小企业 4 万多家。

第三，国家级制造业单项冠军企业，这类企业的营收规模要求在 4 亿元人民币以上，在全球市场中能够达到前三位的市场占有率，且具有独特优势和国际影响力。截至目前，我国先后遴选出五批共 340 家示范企业和 256 项单项冠军产品，培育企业 96 家。

第四，国家倡导的大型“产业链领航企业”，即具有生态主导力和国际竞争力的大集团。

这四级体系是中小企业由小到大，由弱到强的必然道路。

2. 重点聚焦制造业短板

与“隐形冠军”相比，“专精特新”培育体系更优先聚焦制造业短板弱项，国家把“专精特新”限定在工业“四基”、制造强国战略十大重点产业或“补短板”“锻长板”“填空白”等领域。

工业“四基”指的是：核心基础零部件及元器件、先进基础工艺、关键基础材料和产业技术基础。

“中国制造 2025”为实现强国战略目标而涉及的十大重点产业领域包括：新一代信息技术产业、高档数控机床和机器人、航空航天装备、海洋工程装备及高技术船舶、先进轨道交通装备、节能与新能源汽车、电力装备、新材料、生物医药及高性能医疗器械和农机装备。

“专精特新”体系建设给所有企业都提供了一个指引：可以在某一个细分领域成为单项冠军，或某一个产品成为全球第一或第二；可以成为全能冠军，在某一个产业链当中成为龙头企业或领航企业。

在“专精特新”体系的布局下，大、小企业相融共生。在产业链领航企业的带领下，中国企业迈向全球市场，构建全球综合竞争优势。

第三节
利基战略：到细分市场中去寻找机会

在全球，思科和华为是路由器领域的行业龙头品牌。

做钢琴和摩托车的日本品牌雅马哈也生产路由器，它从一个非常小的市场切入——便利店。日本到处都是便利店，它既比公司小，又比个体户要复杂。便利店有保障网络通信和信息安全的需求，但又不想花太多钱在这个上面。

于是，雅马哈就专门针对日本便利店群体开发了路由器产品。如今，95% 的日本便利店使用的都是雅马哈的路由器。雅马哈采取的市场战略，就是一种利基战略。

一、另辟蹊径的利基战略

1. 利基战略的含义

利基，由英文单词 Niche 翻译而来，即缝隙、查漏补缺或者见缝插针的意思，通常指被大企业忽略的独特细分市场。一些立足于细分领域的冠军企业经常会说一句话：“我做的是大企业看不上，小企业又做不了的业务。”

利基战略就是立足于细分市场，满足一小众人独特的需求，用独特的产品来形成市场竞争力，最终在细分市场做到数一数二，这是冠军企业惯用的做法。

哈佛商学院教授迈克尔·波特提出获得竞争优势的三大通用战略，即成本领先战略、差异化战略和专一化战略。利基战略是一种包含差异化战略和专一化战略的复合战略。

企业聚焦一个特定的产品或服务领域，集中力量进入并成为领先者，从当地市场到全国市场，再到全球市场，同时建立各种壁垒，逐渐形成持久的竞争优势。

中国社会科学院世界经济与政治研究所研究员康荣平等曾在《冠军之道：利基战略设计与实施》一书中指出，利基战略有三个核心思想。

（1）避实击虚，避开竞争对手的强处，选择薄弱之处进行攻击。

（2）根据地思想，即集中有限资源，形成局部优势之后不断巩固并拓展优势。

（3）双重差别化思想，在“做什么”和“怎么做”两方面都要追求差异化。

举几个利基市场的例子：军用手机和电脑、单人用电饭煲、残障人士专用服装、厨房用空调、糖尿病人特殊膳食。

2. 为什么利基战略适用于绝大多数企业

从市场地位上而言，企业战略分为领先战略、竞争战略、跟随战略和利基战略。利基战略是一种适用于后发企业的战略，适合于绝大多数中小企业，尤其是“专精特新”企业。

康荣平认为：蓝海战略和核心能力战略都是基于企业自身竞争力，都忽略了中小企业资源有限、能力不足的现实。

康荣平认为：中国加入 WTO 以后，企业的成长环境发生了质的变化，最明显的变化就是竞争加剧，并且中国企业会在相当长的一段时间里处于相对较弱的地位。所以，中国企业是典型的后发企业，有几个明显的特点：第一是进入市场时，已经存在竞争者；第二是核心技术都掌握在先发企业手里；第三是资源和优势相对较弱。①

利基战略就是教企业如何发挥后发优势，避免后发劣势，在资源能力不足的情况下如何以弱胜强，最终抢占行业第一的位置。

举一个非常经典的例子。

格兰仕在早期的发展历程中抓住了几次机遇。

其中一次是在 1998 年东南亚金融危机时，当时格兰仕击败韩国竞争对手成为微波炉市场的全球第一。具体是怎么做的呢？当时，韩国微波炉厂商为了能够顺利度过危机，纷纷不计成本地低价抛售库存产品套现，结果对欧美微波炉企业产生了极大的冲击。

欧美各国企业反击，对其进行了反倾销诉讼，这给格兰仕创造了机会。格兰仕集中全部力量迅速占领市场，物美价廉的微波炉非常受欢迎，两个月内就一举拿下了欧美市场 20% 的市场份额。格兰仕的名字开始被全球所熟知。

---

① 康荣平等：《冠军之道：利基战略设计与实施》，北京：中国对外翻译出版公司，2006 年版。

二、兰彻斯特法则，为何风靡日本

如何运用利基战略？企业在细分市场如何能够快速夺取第一？这里不得不提到“兰彻斯特法则”，这个法则最早诞生于英国的军事领域，在日本一直盛行至今。

1. 以弱胜强的兰彻斯特法则

一句话来概括兰彻斯特法则的话，即弱者战胜强者的战略。

它最早诞生于军事领域。英国汽车工程师兰彻斯特（F.W. Lanchester）通过研究，分别提炼出兰彻斯特第一法则和第二法则。

第一法则：战斗力 = 武器的效率（质）× 兵力的数量（量）

第二法则：战斗力 = 武器的效率（质）× 兵力的数量（量）^{2}

从第一法则引申到企业战略：中小企业的实力有限，如何和强大的竞争对手比拼？如果做相同的市场和产品，肯定没有胜算，怎么办？必须避开正面竞争，选择大企业的弱点来进行突破。

这两个法则用于指导市场竞争和企业经营也十分奏效。兰彻斯特法则很快就传到了日本，立即风行起来。从 20 世纪 70 年代至今，日本企业界都在用兰彻斯特法则进行战略思考、指导经营创新。

兰彻斯特法则有几个特点。

（1）NO.1 主义：力争第一，在局部地区、局部领域建立相对优势，通过各种差异化方式成为小范围的冠军。

（2）突破脚下之敌的原则：在实际战斗中突破比自己弱的对

手，或者有限突破强者的弱点。

（3）一点集中主义：将战场“缩小”，集中在一点投入所有的资源和力量获取胜利。[①]如果一家企业在全国市场无法取胜，那么就选择做一个省或者一个市的市场，再不行就做一个区，总是可以找到“薄弱”或者“空虚”之地，先成为区冠军、省冠军，再成为全国冠军、全球冠军。

企业在一个大的行业无法取胜，就找一个被忽略的细分市场，市场可以无限细分，再结合地域，通过双重差异化总能够找到可以战胜竞争者的市场。找准市场后，再集中投入所有资源于一点进行突破，成为小市场的第一，随后不断扩大战果，直到成为更大的冠军。

在日本企业看来，再小的第一都是有价值的。

为什么要做第一？一个行业中，消费者最多只能记住 7 个品牌，而第一品牌的利润是第 7 名的 7 倍。当然，一提到某种需求，消费者往往只会想到该领域的第一品牌。

《道德经》中有云：“人之道，则不然，损不足以奉有余。”说的是社会的法则要减少不足的去补给有余的人，最后的结果就是穷者越穷，富者越富。在商业领域，马太效应尤其明显。

对于企业而言，做不了大的第一就努力做小的第一，做不了小的第一就努力做更小的第一，再小的第一都是有价值的。企业在成为第一之前要不断细分，直到找到有可能成为第一的领域，创造第

① 坂上仁志：《NO.1 法则》，广州：广东旅游出版社，2014 年版。

一个“第一”，再创造第二个“第一”，这样的成功体验会让团队建立信心和经验，积累下来、拓展出去，就会由弱至强。

2. 以弱胜强的五大战法

据兰彻斯特法则研究专家、松下（中国）前总裁木元哲介绍，中小企业要想以弱胜强，有五大战法，即局部战、接近（融入）战、一对一作战、一点集中主义和佯动作战。

第一，局部战。不要一开始就铺全国市场，而是优先集中在某个小市场、小区域内。

第二，接近战。和客户紧密接触，用最短的客户距离来服务客户；和客户进行非常密切的互动，使客户对企业形成强烈的记忆和认可。

第三，一对一作战。放弃竞争对手多的市场和客户，避开与强者的正面竞争，瞄准只有一家竞争对手的市场，与其进行一对一比拼。

第四，一点集中主义。选择一个切入点去竞争，这需要从细分市场、地域、行业、客户、产品等维度去思考。若打“全面战争”，弱者无法胜过强者。

第五，佯动作战。采取意想不到的行动，动摇竞争对手，分散竞争对手的战斗力，不让竞争对手察觉真正的目标。

通过这五大战法，企业最终实现以弱胜强。

【零牌观察】思沃精密：攻击“大象”的弱点

位于东莞松山湖的一家“隐形冠军”企业广东思沃精密机械有限公司（以下简称思沃）主要生产自动贴膜机。在思沃进入自动贴膜机市场前，占据全球市场主导地位的是日本企业，之外还有几家欧美企业。

但思沃仅用了五年时间，便扭转了局势，一举占领全球60%的市场份额，与华为、苹果、思科等国际知名大客户纷纷建立合作。

如果单从技术出发，思沃显然无法撼动竞争对手多年积累起来如“大象”一样的的牢固地位。那“大象”的弱点在哪儿呢？

思沃创始人王建勋发现欧美、日本企业的设备虽然在某些技术参数方面略胜一筹，但是弱在实用性上。因为很多客户经常会要求对设备进行定制化改动，比如增加MECS（便携式电子沟通系统）功能，但日本企业通常会拒绝，从这些企业的思维模式出发，改动意味着不确定性，意味着风险，他们更愿意维护原来的设计。

思沃对标的日本龙头企业每隔20年才会对设备做一次改动。虽然保证了设备品质的稳定输出，但是同时也因为拒绝改变，把一些客户挡在了门外。

思沃抓住这一点，快速试错、快速交付，在实践中不断调整参数、不断验证。一开始，当自身能力还不足时，思沃就集中服务于珠三角周边的小厂，小厂对于不良率的容忍度高，在管理上有更大的灵活度。思沃在服务小厂的过程中不断对产品进行打磨、改良，从而积累下更多的“隐形知识”。

后来，思沃把贴膜机产量做到了全球第一。贴膜机效率高，单位产出大，一台贴膜机24小时运转，仅单月产出就在3万～4万平方米左右，所以企业的采购频率很低。全球总市场容量也不过100～120台，其中思沃的出货量就占到了80台。

思沃如果只生产贴膜机主机，除了市场容量的问题以外，还有两个问题比较突出：第一，客户在购买主机后，和前后配套设备不能适配，造成机器的使用体验不好。第二，除了主机外，客户不得不同时找好几家供应商。

所以，王建勋开始有意识地沿着产业链延伸，做深价值链，致力于成为黄光制程（触摸屏制作工艺）综合解决方案提供方，为企业做好一站式服务。

思沃主要聚焦两个方向：一是连接主机的自动化辅助设备，例如电路板的冷却环节。二是电路板显影环节，即黄光房。这两个方向的市场容量之和是单纯做贴膜机主机的五倍。

思沃案例对中小企业带来的启发是：**企业要专攻利基市场，用特定的、强有力的产品作战，在小的领域谋求第一，然后不断创造一个又一个细分市场的第一，越来越多的第一积累成企业的综合实力。**

三、它们是如何凭借独特定位决胜市场的

1. 比音勒芬：服装界的“另类黑马”

比音勒芬是中国服装品牌当中走利基战略的成功案例，它的总部在广州。

20世纪90年代，比音勒芬创始人谢秉政主要做服装批发，从

广州采购，再到广西销售。但做了 10 多年以后，谢秉政发现这种模式很难持续下去。后来，他通过走访欧洲、日本、美国等发达国家和地区发现：一个国家的经济水平提高以后，高尔夫球运动就会兴起，而且正从高端人群向白领阶层渗透。

所以，谢秉政最终选择了同是服装领域的另一个比较偏门的行业——高尔夫球服。通过到国外考察，他开始在韩国建立自己的设计师团队，在韩国进行研发生产。后来，谢秉政购买了欧洲的品牌“比音勒芬”，然后用这个品牌来做中国市场。他当时推出了“品牌战略 1.0 版”，叫“与中国高尔夫共同成长”。

通过这个品牌战略，比音勒芬开始在机场、高尔夫球场开店，并且邀请中国高尔夫球队来代言，让比音勒芬逐渐为高尔夫群体所熟知。现在，比音勒芬已经成为国内高尔夫球服第一品牌。

比音勒芬的例子说明，同样是做服装，有做儿童服、成人服、休闲服、工装以及商务装的，但谢秉政选择的是一个独特的细分市场，把服装和高尔夫结合起来，聚焦在这个细分领域，并且通过独特的品牌战略实现了快速发展。

现在，比音勒芬除了做高尔夫球服，还进入了第二个领域——高尔夫休闲服。这又是一个新的市场。

2. 松下电脑消失了吗

很多人都知道，松下品牌做过手机、电脑。但现在很少有人看到松下电脑在市面上销售了。事实上，这个部门还存在，而且松下个人电脑事业部活得很好，原因是什么？

2000 年之后，松下大转型，电脑事业部退出消费端市场后，专注在军方手提电脑的研发上。这些电脑有什么不一样呢？它有以下几大特点。

耐摔：用力摔到地上都不影响使用，从 20 米高空跌落也没问题；

耐冻：可以埋到雪堆里 4 ～ 6 小时后照常使用；

耐高温：在 50 ～ 60 摄氏度环境下，一样可以正常运转；

耐冲击：经爆炸冲击，仍然可正常开机使用。

所以，这个案例说明“大公司”也可以“小经营”，利基战略不是中小企业的特权。

3. 西南航空，为何一枝独秀①

从 1973 年至今，美国西南航空公司（以下简称西南航空）连续 40 多年盈利，从 1973 年到 2017 年，平均增幅为 21.5%，成为全球民用航空行业持续盈利时间最长的公司。

它相继经历了 2005 年航空燃油暴涨，2008 年全球金融危机等事件……在全球市场整体低迷之际，西南航空为何却能一枝独秀？

一切，得从西南航空的定位说起，大家都知道，西南航空以“廉价”著称。事实上，“廉价”只是表象，背后和它的定位有关。

在 20 世纪 70 年代，美国大部分的航线仍然是在各个大城市之间开通。如果要从小城市到小城市，就必须先乘车到大城市，乘坐大城市之间的航班，然后下飞机后再乘车到小城市，即使两个城市

---

① 木元哲等：《卓越企业的经营哲学》，广州：广东经济出版社，2017 年版。

之间的路程很短，也必须要中转。

显然，中小城市之间的移动需求是被忽略的。西南航空在成立之初就充分进行了市场分析，为了避免和美国联合航空公司（1926 年创立）、美国达美航空公司（1928 年创立）和美国航空公司（1934 年创立）三大巨头正面竞争，西南航空从这个被忽视的中小城市城际交通市场切入，确立了自己的市场定位。

西南航空的具体做法是：在中小城市之间开通高密度的直达航班。

例如，如果要从中小城市 A 前往中小城市 D，乘客可以随时拎上包奔赴机场，买最近时间出发的城际直达航班即可。①

即便是短途城际交通，也可以通过密集的直航航班实现快速移动，真正实现“打飞的”。西南航空极大地填补了细分市场的空白，满足了小众消费者的需求。当然，西南航空能一直保持高成长性，离不开它的低成本策略，关于这一点，我们会在第四章重点阐述。

---

① 木元哲等：《卓越企业的经营哲学》，广州：广东经济出版社，2017 年版。

第四节
品牌突破：从隐形冠军到冠军

一、关于“隐形”的误解：隐形到底是不是标准之一

我们团队曾参与过三届“中国造·隐形冠军”评选的评委工作，在参加首届“中国造·隐形冠军”评选时，我们对评选规则有过诸多探讨。

第一届的评选规则里有一条参评标准是“非上市企业”。当时，评审委员会的考量是：如果上市，企业就会成为公众企业，就不“隐形”了。

参评企业是否必须为非上市企业？当时评委们对此都发表了自己的观点。

马方（泰山管理学院创办人）：排除上市企业，且企业必须是由家族控股。有一句话叫：“有恒产才有恒心。”比如说，我是个超市打工者，或者我是个子公司，他没有恒产，怎么会有恒心？

邓地（暨南大学跨文化管理研究中心主任，《隐形冠军》译者）：在公众知名度这个层面，我认为不用刻意强调上市或非上市。中

国特定的产业和金融环境下，有不少优秀的中小企业需要借助IPO来获得更多的政策关注和资源倾斜，无可厚非。

而且西蒙所说的德国“隐形冠军”公司当中虽然大多数是家族企业，但是也有大约20%～30%属于上市企业或者大企业的子公司。它们之所以“隐形”，主要并不是因为非上市，而是因为德国很多有竞争力的中小企业从事的是B2B的行业，于公众而言较为陌生而已。

曹仰锋（香港创业创新研究院院长）：我认为“隐形”不一定限定在没有名气或者非上市的企业，业务聚焦和专注更重要，上市公司也可能是“隐形冠军”。

祖林（中国制造管理权威专家）：无论是不是家族控股或非上市的企业，我认为都可以不做限制。背后的价值导向可由评委自己把握。

但资本必须作为重要的参考信息，例如企业是否引入风投、是否有对赌协议等，通过这些信息我们可以判断企业的发展驱动力和风险：究竟是技术驱动、营销驱动、资本驱动还是其他？以及它未来可能遇到的风险是什么？

后来，在浙江大学“隐形冠军”国际研究中心成立仪式上，清华大学全球产业研究院副院长李东红提出了类似的观点：中国“隐形冠军”并不一定要强调“隐形”，隐形只是一个结果。

德国“隐形冠军”不上市、不贷款，大多为代代相传的家族企业，这类企业很难抵抗资本大规模的加持，从而被实力雄厚的后发企业所颠覆。所以应该鼓励中国“隐形冠军”去上市，通过资本市场获得更多的资源，从而获得更大的发展。

上市意味着曝光度，意味着成为公众公司。北京大学国家发展研究院 BiMBA 商学院院长、王宽诚讲席教授陈春花曾对“隐形冠军评选”的名字有过质疑，她说：“在一个传播时代很难有人隐形，所以，你就会很容易被质疑不隐形。”

到底是默默无闻，还是应该追求品牌影响力和社会曝光度？

二、B2B 如何打造品牌

1. B2B 要重视品牌建设

B2B 企业往往有一种思维：做品牌推广不能给企业带来订单。

大多数“隐形冠军”对品牌的态度通常是“酒香不怕巷子深”，认为低调做事才是最重要的，只要有了一技之长，其他什么都不在话下，在认知和传播方面做太多投入实在没有必要。

前通用电气大中华区品牌与传播总监李国威曾分享过一个观点：通用电气的大部分产品都是基础建设相关产品，如何让购买决策人在决定如此重大投入时选择通用电气？品牌的整体优良形象和大众认知基础就变得十分重要。

现代经济的一个重要特征就是品牌主导，人们对于世界经济强国的了解和认识大多都是从品牌开始的。[①]数据显示：知名品牌占全球商标总量的比重仅为 3%，但占据了全球 40% 的市场份额和

① 《2016 年全球最具价值品牌百强榜与工业企业品牌发展趋势》，载《中国工业和信息化》，2016。

50% 的销售份额。[①]

我们认为企业的竞争会从产品竞争、成本竞争、管理竞争最终过渡到品牌的竞争。尤其是最近几年，品牌可以大大降低消费者对价格的敏感度。

今天，企业一定要摒弃“隐形”二字，强调品牌建设的重要性。行业冠军要从在一个细分市场鲜为人知，到整个行业、产业、社会广为人知，从过去默默无闻到未来家喻户晓。

品牌背后是关注度，关注度背后是资源的聚集，是人才的青睐，是客户无条件的追随。

2. B2B 企业如何做品牌

对于部分中小企业而言，在预算并不是很充足的情况下，也依然要具备品牌意识。

这里最重要的一点就是“借力”，通过标杆客户强化自身品牌。

大家知道农夫山泉瓶盖的红色原料来自哪里吗？是由先尼科化工（上海）有限公司（以下简称先尼科）提供的，它是一种叫“红235”的原料。这家公司最有名的客户是法拉利。法拉利指定油漆厂家必须采购先尼科的“红 235”元素。

法拉利为了宣传产品概念，获得市场认同，会对油漆提出要求，但又怕油漆厂商偷工减料，所以就指定供应商必须采购先尼科的“红 235”原料。

---

① 张厚明：《借鉴国外先进经验　加快培育我国世界级工业品牌》，载《中国工业评论》，2017（8）。

为什么会指定这样一个小公司呢？

第一，和大客户形成联合开发。

如果先尼科在法拉利的产品升级过程当中，解决其环保问题时发挥了技术作用，先尼科就得到了法拉利的认可，所以，在前端的技术开发部分要跟客户形成联合开发。

法拉利这样的标杆客户一旦确定下来，其他的企业客户就相继跟过来了。所以，“专精特新”企业的品牌不需要在消费者当中有多少知名度，但通过世界级企业的品牌背书，就能获得相应的品牌高度，确定市场定位。

第二，开技术研讨会，创造一对一联合开发机会。

一个最重要、最有效的方法就是做技术研讨会，从不同的客户群、行业里去寻找痛点，组织客户一起来做技术研讨，形成一对一联合开发的机会。接下来企业和世界级客户之间的关系就稳固了，因为在做技术研讨时企业技术负责人和技术专家在采购当中发挥着重要的影响力。

比如，全球著名的软件供应商SAP（思爱普）会在对外传播时宣称94%的世界500强企业都是它的客户，这就是一个非常好的信任背书。

三、锦湖日丽，为自己定义一个细分市场

在改性塑料领域，上海锦湖日丽塑料有限公司（以下简称锦湖日丽）是一个独特的存在。当同行都在力学性能、加工性能上做文

章的时候，它开辟了美学塑料、低散发塑料品类，成为这个细分领域当之无愧的冠军企业，并且发展了一大批行业追随者。

在过去，塑料一般都是按照化学品来命名，比如聚酰胺、聚丙烯、聚乙烯。锦湖日丽创始人辛敏琦发现同行大部分都在塑料的力学性能、加工性能上做文章，但产品与产品之间的差异化很小，至今为止没有一个品牌或者品类可以代表把气味散发做到最低的塑料。

通过技术研发，锦湖日丽把塑料的气味散发降低了60%，后来针对这种材料，辛敏琦又做了重新定位，把它从PC/ABS和ABS品类中分离出来，并突出它是最适合汽车内部的塑料产品的特性。他把这款材料拆分出来，单独创建了一个新品牌“塑可净”，面向购车的最终消费者。

此后，锦湖日丽又打造了免喷涂塑料“塑可丽”，开辟了“美学塑料”这样一个新品类。这种塑料一次性注塑，不需要喷涂、电镀等任何后期处理。在推广环保的大背景下，这款产品成了业内标杆。

在辛敏琦看来，视觉表达可以传播品牌信息，表达品牌理念，而抓手就是“材料”，它可以帮助设计师实现设计理念可视化，提升差异化竞争力，而不需要过度依赖广告的传播认知。

后来，锦湖日丽又陆续推出了专为高安全防护及缓冲领域而设计的钢化吸能塑料——塑金刚，它既有工程塑料一样的强度，同时又有橡胶一样的延展性，为人或物体在受到高速撞击时提供保护。目前该产品已经在汽车及体育器材等市场小规模应用。

2019年，锦湖日丽的利润增长在100%以上，现有的增长大多数是由差异化产品带来的。

可以说，锦湖日丽很好地运用了利基战略，并且较早地进行了市场卡位。业界已经相继出现了一大批模仿者和追随者。

第五节
专精特新：从自然成长到战略性发展

一、持续性面临挑战

1. 是市场造就，还是能力使然

20 世纪 80 年代初，日本经济学家小宫隆太郎来中国考察，参观完中国企业后，他说了一句让大家都非常吃惊的话：中国没有企业。

在中国经济快速腾飞之时，却听到了这样的声音。这句话让北京大学国家发展研究院 BiMBA 商学院院长、王宽诚讲席教授陈春花感到不安。后来在新希望六和股份有限公司任职时，她把这种不安写进了文章《我的 7 个不安》。十几年之后，她又重新把这篇文章翻出来发到了互联网上。

她说：现在企业的发展并没有得到好转，我 2004 年提出来的观点，对今天依然有适用性。

我们节选了以下内容。

“第一个不安：持续的高增长是否有泡沫？高增长来源于哪里？

“因此，我们不能再沉醉于‘中国最大’和‘成长最快’，我们企业这几年的增长更大程度上是来源于市场的紧缺，而不是我们的能力，所以我最为不安的是我们真正的泡沫源自良好业绩带来的兴奋和满足感，却茫然不知自己的不足与危机。是市场造就了我们的企业，而不是企业造就了市场。”

很多细分行业冠军的利润水平处于行业前列，在业界的声誉也非常好。再加上最近几年，来自政府和媒体的关注越来越多，这些企业被层层的赞誉所包围，很容易迷失自我，飘飘然而不自知，满足于被外界所贴的“隐形冠军”标签。如果企业被这个边界所束缚，而不是聚焦于客户，创造客户，就会无法前行。

当潮水退去，一个更加现实的问题摆在它们面前：冠军地位能否保得住，增长能否持续？

2. 持续增长的三大挑战

陈春花认为：基于市场增长带来的企业增长是不可持续的。只有建立在核心业务基础上的增长，才能带来企业的持续增长。她认为持续增长的企业有以下几个特点：市场份额优先，盈利能力较强，具有较强的抗竞争能力，有稳固的财务基础。

浙江大学社会科学学部主任吴晓波曾撰文指出：中国制造业“隐形冠军”企业增长的“持续性”将面临三大挑战。

第一，成本攀升。

随着劳动力和原材料成本的上涨，低成本模式无法继续。

第二，低端锁定。

中国制造长期被锁定在低附加值环节。早期，中国制造凭借低廉的劳动力和健全的产业配套，使中国迅速融入全球价值链分工体系，成为“世界工厂”，但我国始终处于价值链分配的低端位置，大而不强的问题没有得到根本解决。随着全球化进程的推进与国际经济形势的变化，以及发达国家制造业回流的现象，中国企业必须摆脱代工的路径依赖，提高创新能力。

第三，“专业化”悖论。

选择业务聚焦还是多元化，一直是中小企业在发展过程中的难题。一方面，业务聚焦能够帮助企业在资源和能力不足的条件下，集中有限的资源“重点突破”某个特定的细分领域，使企业通过“专、精”的发展模式取得行业竞争优势；另一方面，利基市场中有限的市场容量对企业营业收入的持续增长带来了挑战。①

二、战略拉动企业发展

企业自然增长不确定性非常强，形势好的时候，一片欣欣向荣，形势不好的时候，各种问题都暴露出来了。

所以，无论企业多小，都必须制定战略。正因为企业小，资源

① 吴晓波：《中国为什么需要更多的“隐形冠军”？》，载《哈佛商业评论》，2019（7）。

有限，才应该把有限的资源投入对的地方。有目标，才有方向。企业发展必须要依靠战略拉动。

1. 企业家战略十问

制定战略，领导者及高层干部必须思考以下问题。

- 我的大盘基础是什么？
- 大盘基础如何增长？
- 未来三到五年的中期增长策略是什么？
- 新增业务是什么？
- 面向未来十年的探索方向是什么？
- 如何进入新领域？
- 如何融入新产业？
- 如何开发新客户？
- 如何拓展新市场？
- 重大战略举措是什么？

最终，企业实现新业务从“0”到“1”的孵化、从“1”到“10”的增长、从“10”到“100”的爆发、从“100”到“1000”的裂变。

战略，思考的是面向未来如何求增长。

2. 战略制定的误区

当然，在战略推行过程中，战略共识是战略落地的前提。

企业一把手确定好战略之后，往往需要很长的时间和高管团队达成战略共识，甚至没有达成战略共识而不自知。

比如，某公司计划在 5 年之后达到 50 亿元营收规模，目前营收规模在 20 亿元左右。董事长提出这一战略目标后，高管团队纷纷怀疑计划的可行性。

出现这种情形的原因在于，企业陷入了一种误区：基于现有团队的组织能力去思考战略目标。不妨换一种思路：要达到 50 亿元的营收规模，企业有可能通过孵化新团队、新业务或者资本去实现吗？企业的奋斗者文化足够支撑目标实现吗？是否有领军人才、高端人才、跨界人才加盟，来助力增量实现？

现实的组织当中可能会有挫折感，实际上是因为没有达成战略共识，增量是通过新的资源配置实现的，而不是基于现在的组织能力。

企业家必须依靠战略去点燃员工心中之“火”，从而迈向未来五年、十年。

过去企业体量小，对战略重视度不够没什么影响，但今天环境发生了根本性的变化，马太效应越来越明显，企业发展必须依靠战略驱动。

3. 企业的最高战略是贡献社会

一定程度上而言，战略是企业发展的源动力。一小部分企业家在实现一定的财富自由以后，开始满足于细分行业的龙头地位。

稻盛和夫曾在第 26 届盛和塾世界大会上讲过一段话。

“经常会有人说，‘你都到这个地步了还在努力呀？为什么要如此努力呢？还想要钱吗’？

“答案是No。

“当我意识到我的才能要用来为社会、世人尽力时，我就会拼命努力。”

稻盛和夫认为：从中坚企业蜕变到大企业，如何设定公司的目标十分关键。将欲望混入目的后，企业就会停滞不前。

在他看来，只有企业创始人的价值观改变，才可以不断蜕变，实现更大的发展。

这和他的“老师”松下幸之助的理念是一致的。

虽然松下幸之助只有小学文化，但是他提出了很多浅显易懂却流传很广的经营哲学，比如“自来水经营”：企业家要把大众需要的东西变得像自来水一样便宜。

他说：“如果一切东西都像自来水一样能够随便取用的话，社会上的情形就将完全改变了。我的任务就是制造像自来水一样多的电器用具，这是我的生产使命。尽管实际上不容易，但是我仍将尽力使物品的价格降到最便宜的水准。”

除此之外，松下幸之助认为经营的第一理想应该是贡献社会，以社会大众为企业发展考虑的前提才是最基本的经营秘诀，企业是一种除贫造富度众生的事业。

企业家唯有将做企业视为一种贡献社会、造福社会的使命，才能不断引领企业攀升新的高峰。

结语

今天，“专精特新”不再是一种企业类型，而是企业迈向全球冠军的一种战略举措。在走“专精特新”道路的过程中，企业要有意识地去求专、求精、求特、求新，采用利基战略找到独特的细分市场，然后通过不断做专、做精、做特、做新，实现差异化发展，通过“专精特新”战略从自然成长过渡到战略性成长，最终迈向世界冠军。

第二章

产业经营

中国专精特新企业的生态路径选择

“隐形冠军”概念传入中国之后，“小而美”的理念开始在中国企业群体中传播。当然，企业扎实做好产品和服务，不盲目扩张，这无可厚非，但“小而美”并不是企业安于现状的借口。

企业到底应该做“小而美”，还是追求规模的增长?

华为创始人任正非在《价值为纲》一书里是这么回答的：公司规模不做大，不能成为行业的世界第一，就没有竞争力，就没有办法生存。

任正非认为：企业缩小规模就会失去竞争力，扩大规模但不能有效管理，又面临“死亡”。管理是内部因素，是可以努力的。规模小，面对的都是外部因素，是难以以人的意志为转移的，它必然抗不住“风暴”，这就是华为要走规模化、搞活内部动力机制、加强管理与服务的战略出发点。

做大的过程，本质是求增长。商场如战场，丛林法则，优胜劣汰。

赫尔曼·西蒙教授认为，专业化和全球化是“隐形冠军”发展的两大支柱。专业化帮助企业掌握一技之长，并在市场上获得一席之地；全球化可以帮助企业拓展细分市场的容量，实现规模效益。除了全球化之外，在中国现有环境下，“产业经营”同样是一条拓展市场容量的有效途径。

第一节
用产业思维寻找细分市场

一、增长魔咒

双童能把吸管做到全球第一，独门秘诀就是“创新”。

双童另辟蹊径，从小客户切入，放弃像肯德基、麦当劳这样的大客户，专门聚焦酒吧、咖啡馆、酒店、中高端小饭馆等小众客户，针对他们的需求进行研发创新。

例如，有一款“夜巴黎”吸管，在灯光折射下炫彩夺目、闪闪发光，极具氛围感，这种视觉效果源于吸管菱形的内壁设计。还有一款提供给情侣共同使用的爱心吸管，里面配置水流止回阀，可防止交叉感染。别看这个小小的止回阀，光这一项技术就拥有 4 项自主知识产权。[①]

凭借小客户原则，双童专注小众、高端市场的开发，把吸管变成了情感的载体，获得了远高出行业水平的利润收益。在这个看似

---

① 白丽媛，杨晨:《义乌“双童”: 产值上亿的隐形冠军 小吸管背后的大匠心》，载《浙江日报》，2016-11-02。

没有技术含量的偏门领域，双童不仅创造了全球吸管领域三分之二的专利，还主导了多项全球塑料吸管行业标准。

1. 来自冠军的焦虑

作为高质量发展的先进典型，双童创始人楼仲平至少七次登上中央电视台，即便获得如此多的外界赞誉和殊荣，2019 年前后，楼仲平仍然陷入了巨大的徘徊和焦虑，他曾通过媒体撰文表达了三点焦虑。

第一，站在未来看现在，如何突破产业瓶颈？

随着全球制造业环境恶化、无序竞争加剧、要素成本剧增，我们看到了整个吸管产业链的瓶颈，看到了未来人类社会发展洁净能源的大趋势……我们也一直在思考，在前无标杆、后有竞争对手的大环境下如何打破这个瓶颈，让吸管产品不再产生白色污染，如何将改革进行到“深水区”。

第二，组织能否跳出“温水舒适区”？

任何企业的发展都是“非连续性曲线”，企业无法永远停留在最高点。虽然双童一直处于全球吸管行业领导者地位，公司财务也相对自由，员工生活安乐无忧。但是正因为如此，我很担心他们久而久之会掉入“温水舒适区”，最显著的特征就是拒绝改变和学习。躺在舒适区，不会避免更多的风险，只会在风险来临时感到手足无措。

第三，如何满足年轻团队的成长诉求？

2011 年，双童明确“再造经理人”计划：选拔培养年轻领导层，重要岗位领导年轻化，明确实施股份制改革，以解决管理层老化问题。经过重组后，管理团队的平均年龄只有30多岁。如何满足这批“嗷嗷待哺”的年轻团队的成长诉求，已然成了我最大的“焦虑”！①

这样的焦虑不是空穴来风，距离楼仲平媒体撰文一年之后，“限塑令”出台，《国家发展改革委、生态环境部关于进一步加强塑料污染治理的意见》规定：到2020年年底，全国范围餐饮行业禁止使用不可降解一次性塑料吸管。

2. 警惕过度专业化陷阱

在迷茫之际，楼仲平曾当面向“隐形冠军之父”赫尔曼·西蒙教授请教：中国“隐形冠军”到底应该如何坚守专注、聚焦原则？

当时，西蒙教授回答道：“任何一家实施聚焦战略的企业都必须意识到，所聚焦行业的总体规模决定了企业规模。鱼再大，大不过它生长的池塘。企业选择要做“隐形冠军”，就是选择了做小池塘里的大鱼，因为企业本身选择的就是一个利基市场。”②

像楼仲平一样，受困于专业化陷阱的企业不在少数。学术界认为：单一业务占企业销售总收入的比重超过70%即为专业化经营。

虽然把有限的资源和精力聚焦投入到细分市场，的确会帮助企业确立早期的市场地位。但是企业发展到一定阶段还坚守在原来的

---

① 谢丹丹：《2020，要通过“第二曲线”开启破局！》，载《中外管理》，2020（3）。

② 谢丹丹：《专访“隐形冠军之父”：中国隐形冠军将是德国隐形冠军最强对手》，载《中外管理》，2019（12）。

产品和细分市场上，企业的持续增长就会面临严峻的考验，这体现在以下几个方面。

第一，依赖单一业务风险高，很容易受到新技术和产业结构调整的影响。

第二，企业做不大，细分市场容量有限，发展天花板较低。

第三，惯性使然，企业容易错失成长和发展的机遇。

2011 年，三一重工股份有限公司（以下简称三一重工）收购混凝土机械巨头德国普茨迈斯特有限公司（以下简称普茨迈斯特）全部股份。中国企业收购德国老牌企业本就是一件新鲜事，普茨迈斯特还是全球最知名的工程机械制造商，尤其在混凝土泵车制造领域是当之无愧的王者。

反过来看，普茨迈斯特为什么会被收购？

《隐形冠军》一书译者邓地认为：最大的原因在于，普茨迈斯特的领域太过于狭窄，只做混凝土泵车，再加上当时普茨迈斯特的创始人已经 80 岁，苦于找不到合适的传承人，又恰逢金融危机，无奈只得卖给三一重工。

而在收购普茨迈斯特时，三一重工已经占到国内 40% 和全球 20% 的市场份额。三一重工不仅上市，还发展相关产业多元化，积极进入挖掘机、压路机等增长快速的领域，体量快速增长，规模已经是普茨迈斯特的数倍。

邓地认为，在发展中国家，确实存在着一个产业里存在多个领域的机会，而且无法判断哪个领域的机会是最好的。所以，现实的问题是，企业首先要生存下来，不断抓住成长的机会。

资深企业战略专家、产业评论家朱志砺认为：多元化、专业化本来并无优劣之分，都是企业应环境变迁，追求资本利益最大化的一种产业结构形式，本身就是一个动态的、变化着的过程。①

企业没有规模就无法追求低成本，没有规模就无法聚集人才、品牌、资源，“专精特新”企业就永远陷入做不大的怪圈，即使技术再强，最后还是落得像普茨迈斯特这样的结局。

二、从经营产品到产业经营

即使是建立了强大“护城河”的全球冠军，仍然有无数的风险，“专精特新”企业要想破除增长魔咒，必须学会产业经营。

理想汽车创始人李想曾说过：“你的世界有多大，在于你发现的世界有多大。如果只摸到了象的耳朵，那么你的解决方案就是拿筐把耳朵拎走。如果摸到的是整头大象，你的解决方案就是集装箱，用卡车把它运走。如果摸到整个象群，你的解决方案可能就是修桥、修路。②

经营企业，犹如盲人摸象。眼界决定境界，格局决定结局。过去，企业用的是产品思维、行业思维，但今天，这还不够，企业要把自己的视野上升到整个产业。

① 朱志砺：《警惕“专业化陷阱”》，载《经济观察报》，2006-04-03。
② 李善友：《李善友：为什么大公司往往死于自己的隐含假设盲区？》，载《混沌学园》，2021-09-30。

1. 什么叫产业经营

什么是产业经营？即把产业当作企业经营的对象。过去，企业只关注产品与客户，现在则要关注自身与客户所处的行业和产业，因为这决定了企业所在的市场容量。

产业经营，实际就是经营产业。全球化时代的竞争，不再是企业之间单纯的商品竞争，而是产业链之间的竞争。一个产业的构成是多元化的，它是由不同行业、不同类型的企业相互构成的，大、中、小型企业相融共生、协同发展。

中小企业求发展，必须运用产业经营思维。1 亿元规模的企业要变成 10 亿元规模，怎么做呢？如果市场占有率是 10%，那么就必须找到 100 亿元的市场。企业需要考虑 100 亿元的市场是什么样的行业？什么样的产业具备这样的市场规模？如何融入这样的产业？

如果只是 1% 的市场占比，那么企业就要找到 1000 亿元的市场，在 1000 亿元的市场当中找一个细分领域，怎么切入进去？通过产业经营思维来观察市场，从而找到企业自身的定位和立足点。

产业经营思维对企业有两大启发。

第一，选择细分市场时要立足产业，确立好企业的生态定位；

第二，“专精特新”企业要想成长为产业链领航企业，就必须从经营产品过渡到经营产业。

回到双童这个案例，危机当前，这家企业是如何调整转型的呢？

基于长远发展的考量，楼仲平决定在稳固原主业（吸管制造）

的基础上寻找“破局点”，推动一定程度的产业内多元化。

怎么做呢？围绕可降解的吸管技术，基于全球性可降解生物材料产业的崛起，双童把产业拓展到了生物质材料包装领域，包括可降解保鲜袋、产品包装袋和垃圾袋等，以此打破原有主业给企业带来的边界束缚。

其实早在2005年，楼仲平就已经意识到塑料吸管的局限和危害所在，并一直埋头研发，最终开发了PLA（聚乳酸）生物质可降解吸管、可食用淀粉吸管、纸质吸管等多款环保产品。

基于可降解生物材料的核心技术，双童正在从吸管产品过渡到可降解生物材料产业。正因为提前意识到现有产品的局限，楼仲平为自己赢得了转型调整的时间。

2. 企业发展五阶段

从各省市以及工信部推行的“专精特新”“小巨人”和单项冠军评选来看，只要有一项产品的市场占比可以达到全省或者全国前列，就能有机会入选。

然而，关注产品只是企业发展的第一阶段，事实上，企业的发展通常会经历五个阶段。

（1）关注产品、经营产品。

产品是企业发展的第一阶段，是价值的载体，也是硬件的载体。依靠单一产品，企业可以做到1亿元规模。

（2）关注客户、经营客户。

要做到10亿元，靠单一产品是不够的，必须形成产品矩阵、产品系列，这就上升到了业务的角度，即企业要利用综合解决方案来求发展。

（3）关注自己、经营企业。

企业要从整体出发，从可持续发展的角度来考虑将来的走向。当前企业的主营业务是什么？有哪些业务可以支撑未来三、五年中长期增长？有哪些技术储备可以解决十年拓展的问题？这时候，企业可能变成多业务结构和多系列产品矩阵。

（4）关注行业、经营行业。

很多时候，企业把过多的精力放在了关注下游的客户上，却很少去关注终端客户。但即使是 B2B 企业，关注终端客户也很有必要，比如，做零部件的企业要关注整机厂。整个行业有多少市场容量，其中又有哪些重要的机会呢？企业要做到 100 亿元，就必须要具备这样的行业思维。

（5）关注产业、经营产业。

有的行业可能有千亿元、万亿元的市场规模，但要保证企业 10 年、20 年持续发展，就要上升到产业的高度，关注多行业是如何构成一个整体产业的。自身行业和客户所处的行业背后，往往是产业集群和产业生态，所以也要去关注产业集群，尤其是集群背后的生态级产品和生态级企业。

领导者的关注对象决定了企业的高度和视野，决定了企业在什么空间中求发展。基于一个国家的整体发展方向或一个产业的全球动向来定位企业的话，将来的市场空间将会非常巨大。

三、贝特电子：从保护元器件到 3C 产业服务

东莞市贝特电子科技股份有限公司（以下简称贝特电子），是广东省级“专精特新”企业。贝特电子这几年的销售收入为 2017 年 1.5 亿元，2018 年 1.9 亿元，2019 年 2.3 亿元，2020 年 3.5 亿元，预计 2021 年将达到 4 亿元。

过去 5 年，贝特电子的年平均复合增长率是 23%，即使面对疫情，企业也在持续发展。

我们和时任贝特电子董事黄卫平交流后，发现这家企业活力十足、没有任何的唉声叹气，没有因为疫情感叹生意不好做，从而放慢发展脚步。贝特电子就是一个典型的高质量发展、可持续发展“专精特新”企业。我们跟踪了这家企业 10 多年时间。

最早它的定位是做产品的。它的产品是保护元器件，包括过流保护、过温保护、过压保护和复合保护以及相关的配件。比如说，电开水壶中的水烧开了就会“跳”，这其实是一种温度保护。

它过去只做一种电子元器件，现在变成做很多种电子元器件。产品思维当然会让企业的销售收入持续扩大。但如果要继续发展，这是不够的。

因为单一产品虽然量大，但单价低。企业如果要继续往上走，就必须要和大公司合作，要开发十亿元级、百亿元级甚至千亿元级的客户。

企业的采购也要从过去单纯的采购，上升到供应链管理，最终上升到供应链再造。

随着企业的发展，以产品为导向必须升级到综合解决方案。所以，贝特电子将自己定位为全面电路保护解决方案服务商，和大、中型企业进行整体合作、联合开发，从而不断获取大客户的订单。同时，贝特电子从业务思维上升到企业思维，即设定企业未来发展的整体目标，是过亿元、破十亿元、还是奔百亿元？我要为哪个产业服务，为谁服务？业务结构和行业结构是什么？

今天，贝特电子早就已经过了行业思维的阶段。过去，它标榜自己为手机行业服务，为微波炉行业服务，为汽车电子行业服务……现在已经上升到产业层面，贝特电子为3C产业（即电脑、通信和消费电子）、家电产业、汽车产业和高端装备产业服务。

所以，企业家在往上走的过程中，必须要用宏观思维，定位于产业经营。

第二节
从两大产业领域融入生态

一、打开眼界，找到万亿元级市场

企业如何找到一个万亿元级市场？这里涉及“跨量级”发展的概念，我们把企业的发展分为五个阶段：过亿元、破十亿元、奔百亿元、进千亿元和迈入万亿元经济王国。企业处于不同的发展阶段，依靠不同的驱动因素。

一亿元营收可以依靠产品实现；十亿元营收不能单靠某个产品实现，而是依靠产品矩阵、业务矩阵，即多产品、多系列以实现跨量级发展；企业奔百亿元要做产业；进千亿元需要做多产业布局；万亿元经济王国需要构建自己的生态系统。

企业要实现跨量级发展，就必须要思考什么量级的产业是值得长期深耕的？当前国家在主导哪些产业？国家在致力于提升哪些产业的国家竞争力和全球竞争力？

企业从中找到千亿元、万亿元级市场后，看准赛道再从细分领域切入，不断求专、求精、求特、求新，做专、做精、做特、做新，为特定的客户群体提供特殊的服务，发挥企业有限的资源优势和独特的技术优势，和客户形成相融共生、持续发展的伙伴关系。

贝特电子目前服务全球3C产业，2019年它的市场规模是6543亿美元，约合4.22万亿元人民币。2020年有所下降，但还是维持在4万亿元以上。

当企业清楚自身所处的产业是一个万亿元级市场时，就不会把疫情作为企业增长乏力的借口，更不会放慢发展的步伐。所以，企业家的眼界是企业持续发展的重要基础。

产业经营思维可以帮助企业家打开眼界。虽然全球化趋势在短时间内有所倒退，但是正因为如此，国家的主导战略才愈加清晰，企业才能从中找到机会。

二、产业发展：从效率到安全，从企业主导到政府主导

随着新一轮科技革命和产业变革的深入发展，全球产业链、供应链加速重构。全球产业链呈现出如下特点。

一个或多个产业聚集在一个国家内部或临近的多个国家，全球产业链回归到一个自主可控的空间。过去，产业链的布局是以企业为主，政府引导为辅，现在，产业链布局是政府主导或倡导，企业为辅。过去，产业发展的侧重点是效率，现在的侧重点是安全。

以前，产业集群是一种自然现象，现在成了国家及各省市政府主导经济发展的抓手，带有一定的计划性。目前，各地政府都在推行“链长制”，它以政府为主导，针对产业布局散、产业链条短、

产业链环节不健全等问题，通过引导和协调来解决关键领域补链、延链、强链的问题，从而打造产业集群，推动产业迈向中高端。

企业要融入产业规划，才能跟上“大部队”的步伐。

“专精特新”企业如何从中寻找机会？我们建议从“国计”和“民生”两大领域着手，融入“国计”和“民生”是所有中小企业寻求产业经营与跨量级发展的两大方向。

第三节
国家战略风向标

从“国计”的角度考虑，中小企业要参考《中国制造 2025》《中华人民共和国国民经济和社会发展第十四个五年规划和 2035 年远景目标纲要》等国家政策型文件。在《新兴产业发展战略研究（2035）》中，中国工程院按照新一代信息技术产业、生物产业、高端装备制造产业、新材料产业、绿色低碳产业、数字创意产业 6 个专题组，以及政策组、综合组的组织结构开展深化研究，提出了“十四五”及中长期新兴产业的发展思路、重点方向及对策建议。

目前，国家主导有三大产业群，分别是先进制造业集群、战略性新兴产业集群和创新型产业集群。

一、先进制造业集群

为推动先进制造业集群发展，工业和信息化部于 2019 年启动，组织开展先进制造业集群竞赛，历时两年，有 25 个先进制造业集群脱颖而出，见表 2–1。

表 2-1　先进制造业集群竞赛决赛优胜者名单

序　　号	集群名称
1	广东省深圳市新一代信息通信集群
2	江苏省无锡市物联网集群
3	广东省深圳市先进电池材料集群
4	上海市集成电路集群
5	广东省广佛惠超高清视频和智能家电集群
6	江苏省南京市软件和信息服务集群
7	广东省东莞市智能移动终端集群
8	江苏省南京市新型电力（智能电网）装备集群
9	湖南省株洲市先进轨道交通装备集群
10	湖南省长沙市工程机械集群
11	江苏省苏州市纳米新材料集群
12	江苏省徐州市工程机械集群
13	安徽省合肥市智能语音集群
14	上海市张江生物医药集群
15	陕西省西安市航空集群
16	浙江省杭州市数字安防集群
17	山东省青岛市智能家电集群
18	浙江省宁波市磁性材料集群
19	广东省广深佛莞智能装备集群
20	山东省青岛市轨道交通装备集群
21	江苏省常州市新型碳材料集群
22	广东省深广高端医疗器械集群
23	浙江省温州市乐清电气集群
24	四川省成都市软件和信息服务集群
25	四川省成都市、德阳市高端能源装备集群

二、战略性新兴产业集群

2019年国家发改委公布的国家第一批66个国家战略性新兴产业集群名单中，武汉与北京、上海并列第一，成为新兴产业集群最多的城市，见表2-2。

表2-2 国家战略新兴产业集群城市分布

城　　市	数　　量	产 业 集 群
北京市	4	经济技术开发区集成电路产业集群
		海淀区人工智能产业集群
		昌平区生物制药产业集群
		大兴区生物医药产业集群
上海市	4	浦东新区集成电路产业集群
		杨浦区信息技术服务产业集群
		徐汇区人工智能产业集群
		浦东新区生物医药产业集群
武汉市	4	集成电路产业集群
		新型显示器件产业集群
		下一代信息网络产业集群
		生物医药产业集群
深圳市	3	新型显示器件产业集群
		人工智能产业集群
		智能智造装备产业集群
合肥市	3	集成电路产业集群
		新型显示器件产业集群
		人工智能产业集群

续表

城　市	数　量	产 业 集 群
青岛市	2	轨道交通装备产业集群
		节能环保产业集群
烟台市	2	先进结构材料产业集群
		生物医药产业集群
广州市	2	智能制造装备产业集群
		生物医药产业集群
郑州市	2	信息技术服务产业集群
		下一代信息网络产业集群
厦门市	2	新型功能材料产业集群
		生物医药产业集群
杭州市	2	信息技术服务产业集群
		生物医药产业集群
成都市	2	轨道交通装备产业集群
		生物医药产业集群
天津市	2	滨海高新区网络信息安全产品和服务产业集群
		经济技术开发区生物医药产业集群
大连市	2	信息技术服务产业集群
		智能制造装备产业集群
济南市	1	信息技术服务产业集群
淄博市	1	新型功能材料产业集群
临沂市	1	生物医药产业集群
珠海市	1	生物医药产业集群
湘潭市	1	智能制造装备产业集群
长沙市	1	智能制造装备产业集群
娄底市	1	先进结构材料产业集群

续表

城　市	数　量	产 业 集 群
岳阳市	1	新型功能材料产业集群
平顶山市	1	新型功能材料产业集群
许昌市	1	节能环保产业集群
铜陵市	1	先进结构材料产业集群
福州市	1	新型功能材料产业集群
莆田市	1	新型功能材料产业集群
宁波市	1	新型功能材料产业集群
徐州市	1	智能制造装备产业集群
常州市	1	智能制造装备产业集群
苏州市	1	生物医药产业集群
自贡市	1	节能环保产业集群
贵阳市	1	信息技术服务产业集群
铜仁市	1	新型功能材料产业集群
西安市	1	集成电路产业集群
宝鸡市	1	先进结构材料产业集群
鹰潭市	1	下一代信息网络产业集群
赣州市	1	新型功能材料产业集群
澄迈县	1	信息技术服务产业集群
哈尔滨市	1	生物医药产业集群
乌鲁木齐市	1	先进结构材料产业集群
石家庄市	1	生物医药产业集群
重庆市	1	巴南区生物医药产业集群
通化市	1	生物医药产业集群

数据来源：国家发改委

三、创新型产业集群

2021年，科技部火炬中心同意将43个产业集群纳入2021年度创新型产业集群试点（培育），其中广东、山东、湖北、湖南居于第一梯队，见表2-3。

表2-3　2021年度创新型产业集群试点（培育）名单

序　号	地　区	集群名称
1	天津	天津市细胞产业创新型产业集群
2	河北	燕郊高新区新型电子元器件及设备制造创新型产业集群
3	山西	太原高新区核心电子器件及应用创新型产业集群
4		长治高新区紫外半导体光电创新型产业集群
5	辽宁	营口高新区生物降解材料及制品创新型产业集群
6	吉林	古林高新区电了信息创新型产业集群
7	上海	松江G60科创走廊数字经济创新型产业集群
8	江苏	徐州高新区安全应急装备创新型产业集群
9		常熟新能源汽车核心零部件创新型产业集群
10		盐城高新区新型电子元器件及设备制造创新型产业集群
11	宁波	宁波高新区工业互联网创新型产业集群
12	安徽	阜阳界首高新区铝基复合材料创新型产业集群
13	福建	福州高新区光电创新型产业集群
14	江西	吉安数字视听创新型产业集群
15		鹰潭高新区移动物联网创新型产业集群

续表

序　号	地　区	集 群 名 称
16	山东	威海高新区高端医疗器械创新型产业集群
17		枣庄锂电创新型产业集群
18		莱芜高新区智能制造装备创新型产业集群
19		淄博高新区生物医药与生物医学工程创新型产业集群
20	河南	许昌智能电力装备制造创新型产业集群
21		新乡高新区生物医药创新型产业集群
22	湖北	随州移动应急装备创新型产业集群
23		仙桃高新区非织造布创新型产业集群
24		黄石先进电子元器件创新型产业集群
25		孝感高新区高端装备制造创新型产业集群
26	湖南	岳阳临港高新区智能制造装备创新型产业集群
27		常德重大成套设备制造创新型产业集群
28		湘潭风能产业创新型产业集群
29		娄底建筑工程机械制造创新型产业集群
30	广东	佛山智能家居创新型产业集群
31		肇庆高新区智能网联新能源汽车创新型产业集群
32		河源高新区信息终端设备制造创新型产业集群
33		汕头高新区新兴软件和新型信息技术服务创新型产业集群
34	重庆	永川汽摩智造创新型产业集群
35	四川	成都高新区医药健康创新型产业集群
36		绵阳新型显示创新型产业集群
37	贵州	安顺高新区新型建材创新型产业集群

续表

序　号	地　区	集群名称
38	云南	玉溪高新区生物医药创新型产业集群
39		楚雄高新区现代中药和民族药（彝族药）创新型产业集群
40	陕西	榆林高新区煤化工创新型产业集群
41		渭南高新区智能制造装备创新型产业集群
42		安康高新区富硒创新型产业集群
43	新疆	石河子新材料创新型产业集群

数据来源：科技部火炬中心

第四节
从人民生活中找到产业经营的机会

除了国计之外，民生领域也存在非常多的机会。

一、人口结构：老龄化、少子化、不婚化

作为资源非常有限的中小企业，如何切入并找到细分的市场需求，融入人民生活？据第七次全国人口普查数据显示：全国人口达14.1亿，老龄化、少子化、不婚化三大趋势加速到来。这其中，中小企业蕴含着巨大的产业机会。

1. 老龄化社会

《瞭望东方周刊》文章《中国式养老》指出：2022年，我国将由老龄化社会进入老龄社会，至21世纪中叶，60岁及以上人口将近5亿，占总人口比例超三分之一。中国老龄化速度之快、规模之大，史无前例。[①]

① 陈融雪：《中国式养老》，载《瞭望东方周刊》，2020（19）。

面对老龄社会的到来，“适老性”是一个非常重要的市场机会点。比如，老旧小区如何进行适老性改造，包括厕所加装扶手，楼层加装电梯等。

在数字浪潮下，日新月异的新科技涌现，面对新技术，很多老年人手足无措。2020 年 11 月，国务院办公厅印发《关于切实解决老年人运用智能技术困难的实施方案》，提出要加强技术创新，提供更多智能化适老产品和服务，让老年人能用、会用、敢用、想用。

2. 少子化

从最新的人口普查数据来看，我国总人口超 14.1 亿，继续保持低速增长，“十四五”规划时期可能出现负增长，少子化加剧。

随着育龄女性规模持续下滑，加上年轻人生育观念的改变和生育成本的提高等因素，我国新出生人口数量大幅下降。与 2010 年相比，中国每个家庭户的平均规模从 3.10 人下降到 2.62 人。在不婚化、少子化的趋势下，家庭类型的变革将催生消费习惯的改变。

以日本家庭变迁为例，日本作家三浦展在《第四消费时代》一书中把日本消费史分为四个阶段：第一消费时代是少数中产阶级享受的消费；第二消费时代是乘着经济高速发展的春风，以家庭为中心的消费势如破竹；第三消费时代是消费的个人化趋势风生水起；第四消费时代即重视共享的社会。

第三消费时代大约为 20 世纪 70 年代到 20 世纪 90 年代，日本经济处于中高速发展水平，此时消费需求升级明显。日本 1 ～ 2

人户家庭数量大幅增长，家庭小型化趋势更加明显，呈现个性化、多样化特征。

第四消费时代指2005年以来，日本经济进入低速增长，家庭小型化趋势延续，单身家庭数量增长势头更加凸显，2015年1人户家庭比重超三成。该阶段家庭消费开始回归简约化、本土化，消费特征倾向于无品牌、朴素、休闲、本土。[①]中国正处于第三消费时代向第四消费时代发展的过程。

3. Z世代（一出生就与网络信息时代无缝对接的人）

Z世代指的是1995—2009年出生的人。国内统计数据显示，中国Z世代人群约2.6亿人，撑起了4万亿元的消费市场，其开销占全国家庭总开支的13%，消费增速远超其他年龄层。

《北京商报》指出，Z世代更关心体验，更愿意为兴趣爱好买单，更加偏爱萌宠，与萌宠相关的各种消费也因此兴起。[②]

以上趋势都会给人民的生活带来很大的改变，这就是企业产品研发的出发点。

最近几年，“猫咖”兴起，这是大人小孩“吸猫”的地方，在那里可以和猫照相、玩耍。

据《2020年中国宠物行业白皮书》数据显示：2020年全国城

① 张馨元等：《“老龄化”影响：家庭小型化、逆小型化与消费场景重构——人口要素与产业趋势系列》，载《华泰证券策略研究》，2019。

② 杨步伟：《我的青春我做主——Z世代人群整体画像》，载《北京商报》，2021-07-14。

镇猫犬数量超过1亿只，在养宠物的人群里，80后、90后占到了三分之一以上。跳出来看的话，就会发现宠物经济已经成为一个现实，它正在中国快速兴起。

狗不再是过去看家护院的角色，而是开始逐渐拟人化，成为很多人家庭中不可或缺的一员。年轻一代视宠物为家人，给予它们人一般的照顾。在这种背景下，催生了庞大的宠物市场，包括宠物健康、宠物饮食、宠物用品等。

据艾媒咨询发布的《2021年上半年中国宠物经济产业发展现状与市场调研分析报告》称：2023年，中国宠物经济的市场规模将达到6000亿元。

在电商平台上，可以发现各种宠物用品，其价格都远远高于人用的东西。

宠物狗吃东西用的餐碗，费用大多在100元左右，其功能齐全，不仅有保温加热的，倾斜护颈的，还有食水一体的。除此之外，现在也很流行为自己的宠物定制生日蛋糕，一个4寸宠物蛋糕售价是258元。

千万不要认为宠物经济是无聊的经济，因为人需要陪伴，所以有过养宠物经历的人会发现宠物经济的本质是爱、是陪伴、是生活。宠物经济的本质其实是幸福经济。

从社会发展的规律来看，当一个国家的经济水平越来越高的时候，宠物经济的规模就会越来越大，有这种需求的人会越来越多。这是专精特新企业融入民生的一个方面。

二、本质：满足对幸福人生的追求

企业要满足人民对美好生活的向往。美好生活是什么？就是高质量生活，是幸福人生。

幸福是什么？幸福包括健康、爱、美、快乐。企业从吃、住、行、学、游、玩、乐、伴这几个维度思考，就会发现许多新的机会。

在健康领域，人民有特殊膳食的需求，比如专门针对糖尿病人的饮食。

美与住结合，就会发现家庭种植有很多市场机会，让人通过在一个小小的空间里种菜、种花，在装扮家庭的同时享受田园耕种的乐趣。

健与行结合，例如残疾的人士如何安全舒适地行走。

爱与学结合，比如智力有缺陷的孩子如何更好地学习。

游和乐结合，例广州有一家公司专门做南极游、北极游，很受高端人士的欢迎。

爱与伴结合，宠物经济就是典型。

这其中涌现出来的大需求、高端需求、新需求、个性化需求、特殊需求，都是企业的市场机会。

接下来举一个日本专精特新企业的案例——日本芳珂，它是日本最大的无添加护肤品牌，被称为“无添加始祖”。芳珂生产的护肤品不含日本政府列出的 102 种对皮肤构成敏感的防腐剂及有损肌肤的添加剂（如色素、香料等）。这个品牌在日本国内的化妆品销售增长率常年位列第一名。

20 世纪 80 年代，创始人池森贤二的太太在使用化妆品时皮肤过敏，非常难受。尽管多次去医院就诊，但是无法得到根治。

经过与皮肤科医生讨论后，池森贤二发现，原来是化妆品里添加了大量防腐剂和化学物品。于是，他打算开发一种不添加防腐剂的化妆品，专门针对皮肤敏感人群，后来他创立了芳珂。池森贤二不是做化工的，也不是企业家，创立芳珂完全是源于对妻子的爱。

事实证明，芳珂切中了市场的需求，非常受皮肤敏感人士的欢迎。芳珂开创了很多第一，比如第一次给化妆品标上保质期。

今天芳珂在做什么？它不但为女性开发化妆品，还为男性提供服务。除此之外，它还开发出了专门为孕妇使用的护肤品和健康食品。

芳珂除了这个主品牌之外，还创立了针对年轻消费者的护肤品牌 Boscia（博倩叶）、美妆品牌 Attenir（艾天然），通过使用多品牌战略为不同的人群提供服务。

2019 年，芳珂的销售额为 1225 亿日元（约 78.5 亿元人民币），其中化妆品占 59%，营养补充剂占 36%。

这是一家典型的走专精特新道路的日本企业。

三、找出机会的五大抓手

具体而言，面对如此多的机会，企业怎么去发现呢？

1. 找出客户的“不”

企业需要仔细思考客户的需求在哪里。

在一个细分市场里，客户很难受，没有东西可用，有一些不方便、不稳定、不合适、不规则、不正确、不满意、不愉快、不完美、不足、不舒服、不节能、不合理、不放心的地方。

企业要把这些“不”找出来并解决。这时候，创新的灵感就会被激发出来，这是企业做产品和技术开发的出发点。

2. 从五大领域发现机会点

（1）痛点。这是最容易找到的，痛点就是企业的市场机会。

（2）卡脖子。国家目前有 35 项关键技术被“卡脖子”，利用技术优势，小公司一样可以参与“卡脖子”工程。

（3）国产替代。目前中国还有很多产品依赖进口，小到圆珠笔芯，大到飞机发动机，这是一个大的机会。

（4）空白区域。目前还没有被人注意到的市场机会，企业可以快速切入并占领市场。

（5）无人区。在移动互联网、5G、火星登陆等领域，中国已经进入“无人区”，处于全球的领先地位。

企业从以上五个方面切入，在十年的长远坐标上规划未来的可持续发展，从国家规划和人民生活两大领域去关注产业链领航企业，在融入产业生态的过程当中寻找合作机会，对接全球资源，跟随国家的指引来寻求发展。

【零牌观察】世纪开元的跨界整合

再举一家中国企业的案例，山东世纪开元电子商务集团有限公司（以下简称世纪开元）原本是济南街边的一家照片冲印店。随着影像冲印行业的衰落，世纪开元转战线上，做起了互联网照片冲印的生意。

没过几年，世纪开元在互联网数码冲印领域就做到了国内第一，遥遥领先第二名。但即便如此，其营收规模也不到1亿元人民币。

创始人郭志强发现，影像市场的复购率很低，一年平均每3个人会洗4次照片，只有1人会洗第二次。后来，世纪开元决定从影像市场切换到企业定制包装市场，以解决单价低、复购率低、用户黏性差的问题。

后来，郭志强经过调研发现，印刷行业虽然产能富余，但是实际上非常落后，要说服联合这些传统印刷业做小批量、一站式场景化解决方案，也是一件非常难的事情。

印刷企业做的都是大客户、大订单，无论是对用户需求的把握，还是IT系统的打造，逻辑完全不一样。比如，某家印刷厂印刷教材，一次就印几千万本，根本不需要任何IT系统，车间集中就干这一件事，生产线也不用换。

所以，要做小批量定制，就必须解决设计、生产实效、成本、质量的问题。世纪开元原本想通过“外联”的形式做轻资产运营，不得不做重；没有工厂能做个性化、小批量，就自己开工厂；没有设计能力，就组建众包设计师平台；成本太高，就通过打造IT

系统、提高设备自动化降低成本，提高效率。

通过一系列举措，世纪开元的营收很快蹿升到10亿元人民币。现在，世纪开元每天要把五六万个客户订单碎片化成几十万个订单，绝大部分客户有设计需求，强大的设计能力和领先的IT系统在其中发挥了重要的作用。

2018年，世纪开元提出“十百千万”的新零售战略，把自身积累的产品、IT、设计、品牌、营销五大能力开放出去，为全国10万家印刷企业和30万家图文店提供赋能。

有媒体形容，世纪开元正在构建一个完整的、基于印刷的产业互联网智能商业体系。后来，山东世纪开元电子商务集团有限公司更名为“世纪开元智印互联科技集团股份有限公司”。

世纪开元很大的一个成功基因，在于创始人是中国最早的一批互联网创业者，有成百上千个网站开发经历。他为什么能做产业互联网？因为世纪开元最早是有互联网基因的。

第五节
小公司如何融入大产业

一、德鲁克：企业要找到特殊的生态位置

“小公司要融入大产业，就需要在生态当中找到一个独特的位置。”几十年前，美国管理大师德鲁克就已经提出了这个观点。

在德鲁克看来，小企业尤其需要战略，经不起长期处于边缘状态的危险之中。因此，小企业必须仔细考虑出一种能使它显出特色的战略来，必须找到一个特殊的生态位置，在其中具有竞争优势。[①]

即使再小的企业也需要制定一个战略。基于这个需求，企业提出独特的解决方案。这个解决方案一般是基于企业独特的技术所提出来的。

但这还不够，提供这种解决方案，企业还需要重新开发其他技

① 〔美〕彼得·德鲁克：《管理：任务、责任和实践》，第1部，余向华等，译，北京：华夏出版社，2008。

术，技术实力就这样不断被客户拉动成长。有了这样的思维后，企业就进入了战略性的发展通道。

过去，大家都是凭感觉来做企业的，现在要主动用战略来做企业。所以，小公司也要有战略，不能糊里糊涂、浑浑噩噩地经营；也要有高管班子，确保经营关键活动落实到位；也要有数据思维，确保有限资源为经营成果工作。这是几十年前德鲁克给企业的忠告。

二、用第一个标杆客户寻求突破

作为一个小公司，应思考怎样融入大产业并找到产业中的生态级企业，然后和大企业形成合作，最重要的是用独门绝技敲开产业里大客户的“门”。

1. 用独门绝技打进大客户

企业首先要找到一个大客户合作。要打进大客户，企业一定要有自己的独到之处。独到技术从哪里来？当然是从企业的自主创新当中来。

企业切入大客户后，在某一个点上和其形成合作，获取其信任后，就会开启整体解决方案的合作。优质的大客户会拉动企业的技术研发和产品创新，从而大大提升企业的综合实力。

中小企业一定要有自己的战略定位，一定要理解客户，找到第一个标杆客户来寻求突破。

2. 用跨量级客户拉动

过去，大公司和大公司之间很容易谈成合作，小公司跟小公司之间也很容易谈成合作，但企业要实现高质量可持续发展，必然要做跨量级合作。

所谓跨量级发展，就是几千万元规模的企业要突破1亿元，1亿元规模的企业要突破10亿元，10亿元规模的企业要实现100亿元跨量级的发展。跨量级发展，必须依靠跨量级客户拉动。

大客户之间有“跨边效应”，即优秀客户会吸引优秀客户，企业就会由第一个大客户拓展到第二个、第三个大客户……

3. 跨量级合作的根本：“门当户对”

大、小公司之间要形成跨量级的合作，根本在于“门当户对”。

过去大家认为的门当户对是规模上的“门当户对”，10亿元规模企业和10亿元规模企业很容易合作。但今天讲的“门当户对”，除了规模以外，还要有技术的“门当户对”、人才的“门当户对”、服务的“门当户对”、产品的“门当户对”以及方案能力的“门当户对”。

所以，当企业从零开始的时候，能够获得第一个“门当户对”的合作机会，根本之处在于领导者和领导者之间理念的高度一致，即在认知层面能够“门当户对”。

如果一家10亿元规模的企业拥有2个日本员工和1个德国员工，那么就更容易和100亿元规模企业、1000亿元规模企业形成合作。

所以，小公司融入大产业是有很多方法的。

【零牌观察】壹星科技：融入生态级产品——中国高铁

株洲壹星科技股份有限公司（以下简称壹星科技）是湖南省株洲市一家省级专精特新示范企业，它主要为中国高铁服务，创始人叫谢成昆。

在高铁领域有很多生态级产品，生态级产品对应的是生态级企业。生态级产品有航空母舰、飞机、手机、高铁等，背后是一个大的工业生态体系。

壹星科技融入的生态级产品就是中国高铁。该公司的前身——株洲壹星科贸有限公司创立于1996年，用机车受电弓测试仪切入市场，后来随着中国高铁的发展，该公司逐步融入中车系统，改进为手持式测试仪。壹星科技的主打业务是轨道交通运营维护相关的检测试验装备和教育培训装备。

回顾创始人谢成昆的创业历程，就是通过一个产品切入一个行业，进而融入一个大产业的典型。伴随着中国高铁一路发展，成就了今天壹星科技的市场地位。

壹星科技最早通过检测仪成为大功率检修基地的整体服务商，进一步成为机务段的检测整体服务商，最终成为车辆段主机厂相关的整体解决服务商。

从中车集团切入，到现在18个铁路局、14家地铁运营公司、5个动车运用所，壹星科技这么一个小小的公司，几乎跟中国高铁的主要客户都形成了合作，靠的就是技术创新。

技术创新怎么来？通过产学研合作，壹星科技和铁路勘测设计院、华东交通大学等相关机构、大学进行技术联合开发，从而进入大客户的体系。当然，在技术创新过程中，必不可少的就是企业人才。壹星科技通过拓展八个大专职业院校，形成了自己的人才供应链。谢成昆说，“除了走专精特新道路，我们最重要的经验就是缺什么补什么，通过市场机会来拉动企业发展。”

这也是一个“门当户对”的典型案例。

三、独门绝技从哪来

小公司要进入大的领域，难点在哪里？难点就是找不到“门”。

在航天工程“天问一号”当中，青岛有一家很小的企业参与其中。这家企业叫青岛海丽雅集团有限公司（以下简称海丽雅），一年的销售收入将近 2 亿元人民币。

海丽雅融入国家工程，靠的是什么？它为“天问一号”着陆器降落伞提供降落伞绳。这个绳子可不简单，它必须经受住 21000 千米 / 小时的超高速和上千摄氏度的高温环境，所以技术含量非常高。

当然，海丽雅参与的国家工程不止这一个，它还为“蛟龙”号潜水器提供救生绳缆。这根“救命绳”能做到比同直径钢丝轻 87%，连续 9000 米没有任何接头，且强度能够达到同直径钢缆的 15 倍。

海丽雅能把一根普通绳子的技术含量做到如此之高，它依靠着这个独门秘诀参与了许多国家项目，国家项目的参与又反过来给海丽雅提供了强大的品牌背书。

海丽雅的前身是青岛花边厂，原本并不掌握高端技术。它是怎么做到的呢？一个重要的经验是，在进入每个领域时，董事长张旭明都会找来一位院士合作。但是找院士的人非常多，凭什么人家愿意和海丽雅合作呢？

每家公司都有自己的独到之处，院士可选择的去处也非常多。唯一能够打动院士的就是企业领导者的认知和诚意。海丽雅董事长张旭明用诚意获得和院士见面的机会，用认知和使命感获得院士的认同。

与专家达成合作意向后，企业必须要设计合作项目的精细化、特色化、新颖化。如果能开启第一个成功的项目合作，接下来机会就会接踵而至。

第六节
基于技术的多产业布局

一、亿纬锂能为何持续 16 年增长

无论是特斯拉，还是国内的各种电动车品牌，都要用到锂电池。锂电池行业是一个重投资、高技术、高风险的行业。

同样是做锂电池，惠州亿纬锂能股份有限公司（以下简称亿纬锂能）能够连续 16 年增长，它的优势在哪？我们跟踪观察了亿纬锂能多年的发展，发现它的产业布局很值得研究。

2006 年，亿纬锂能的营收是 1.4 亿元。2008 年，亿纬锂能的锂亚电池做到了全国第一、世界第五，国内市场占有率将近 40%。

2009 年，亿纬锂能拿到军工资质。

2010 年，亿纬锂能进入电子消费类电池市场，3 年后在这个领域的收入占比达到了 48%。2015 年，亿纬锂能又布局共享单车、ETC 和无线耳机。

2018 年，亿纬锂能电子烟业绩大增，同时动力和储能业务迎

来收获期。随后亿纬锂能又开始布局4种技术路线，面向未来进行技术的升级。

一般讲到锂电池，大家会想到电动车。但除了电动车，亿纬锂能还在通信储能、家用渠道、智能微网补能系统等很多方面有布局。同样是做电池，围绕核心技术和产品，亿纬锂能开拓了不同的应用场景和解决方案。

亿纬锂能的战略布局既有眼前或者大盘的部分，又有未来3～5年求增量、求发展的部分，还有面向未来十年的部分和不被关注的部分。

可见，多产业的市场布局、研发投入、产品开发支撑了亿纬锂能连续16年销售收入和利润稳步增长。

这些布局的背后，是基于企业家对未来的规划。亿纬锂能的核心价值观是：追求卓越，质量优先，创造价值，言而有信，团队合作，尊重个人。企业愿景是：打造最具创造力的锂电池龙头企业。

乍一看亿纬锂能和其他企业有些同质化，但任何一个企业价值观背后都是有历史来源的。亿纬锂能的核心竞争力来自董事长刘金成对锂电池的深刻理解，他坚持把自主创新和中国制造的优势相结合。

亿纬锂能是比较少见的一路高歌猛进的企业，发展非常稳健。

依靠独门绝技，企业可以从产业领域获得机会，逐步从单一产业布局过渡到多元产业。

二、独门绝技是基础

1. 持续的技术投入

过去，模式创新曾一度占领中国诸多创业者的思想，尤其是在互联网领域，但现在越来越多的人开始回归到原点，关注技术创新。

日本的哈德洛克，被称为“永不松动的螺母”。据称，即便把它的图纸公开出来，也从来没有人模仿成功，这就是独门绝技的无可替代性。哈德洛克在公司官网上这样写道：公司常年积累的独特技术和诀窍，对不同尺寸和材质有不同的对应偏芯量，这是哈德洛克螺母无法被模仿的关键所在。

赫尔曼·西蒙教授曾说过：隐形冠军是卓越的创新者，研发投入是一般公司的两倍，隐形冠军员工平均专利数比大企业高 5 倍，而每项专利的花费却只有大企业的 1/5，综合考虑，隐形冠军的创新效率是大企业的 25 倍。

而从中国的数据来看，国信证券经济研究所分析了 309 家已上市的专精特新“小巨人”，它们的企业研发费用率平均值为 8.1%，所有“小巨人”上市公司的合计研发费用占合计营业收入比重为 5.8%。而与此相对应的是，A 股上市公司的合计研发支出占营业收入比重仅为 1.9%。

当然，还有大量的中小企业为了保护独门绝技而选择不申请专利，技术秘密便永远掌握在自己手中，而不是公之于众。

2. 工艺中的“隐性知识”

哈德洛克提到的独特技术和诀窍，被外交学院教授、《溢出》作者施展称为“隐性知识”。

他在接受“正和岛”采访时，讲了一个有意思的案例。

熔喷布是口罩的重要材料，它有一个重要的工序叫“驻极”，简单来说就是让熔喷布带电，带电前后，口罩对病毒的吸附能力能差出一倍多。韩国做出的熔喷布，其净电荷的留存时间比中国高出一个数量级。为什么会有这种差异？不在设备，而是在于工人的手艺。

为什么别的企业无法超越？重要的原因在于背后的“隐性知识”[①]，即在生产制造中长期积累下来的技术诀窍。

除此之外，赫尔曼·西蒙认为，为了保持技术或者产品的核心竞争力，隐形冠军的“自制情节”很严重。例如，不少企业都自己生产机器设备。门窗市场的领导者好博（Hoppe），大约有10%的员工从事与自用机器设备相关的工作，他们对这些机器设备严守秘密。这些技术设备从来都是自用，不对外销售，因为主要的专业技术都在这些机器设备上面。

可见，独门绝技是专精特新企业的生存之本。

三、用多元化应用顶出天花板

专注聚焦，会使得企业过早触达“天花板”。当企业实力又不

① 施展：《施展：做好最坏的准备，艰难期至少还有6个月》，载“正和岛”，2020-04-23。

足以支撑多元化时，就会走向“虚胖”，专精特新企业应该如何实现跨量级发展呢？

1．技术小而精、应用大而全

宁波诺丁汉大学李达三首席教授李平提出一个重要观点：冠军企业采取的应该是“专精核心能力的应用多元化”，即在技术领域是小而精的，在应用领域是大而全的。针对细分市场容量有限的问题，企业可以通过寻求新的应用场景，突破发展的天花板。

李平曾研究过舜宇光学科技（集团）有限公司（以下简称舜宇光学），这家企业是国内领先的光学产品制造企业，2020年的营收达到380亿人民币。这样的体量源于它2004年提出的“名配角”战略——为系统集成商提供核心零部件，相继为索尼、三星、松下、惠普等公司做配角。

同时，它始终聚焦镜头技术的同时，把应用拓展到了更广阔的多元场景。舜宇光学原来是做普通光学镜头的（例如相机镜头、显微镜镜头、望远镜镜头等），后来又逐渐扩展到手机镜头、监控系统镜头、医疗镜头、车载智能镜头等领域。

每当要拓展一个新的应用场景时，舜宇光学立即派出技术人员与其他合作伙伴（除了企业，还包括大学与政府研究院所）共同研发，向第三方借力，快速推出产品。

2．抓住技术特性，拓展产品新用途

当然，有些应用场景和企业核心技术看上去并没有什么明显的

联系，这需要企业基于技术特性，结合市场需求用心寻找。

“经营之圣”稻盛和夫是如何做的呢？

京瓷早期，稻盛和夫不断尝试开发陶瓷产品的新用途。他利用陶瓷不易磨损的特性，瞄准存在磨损问题的机械行业，用陶瓷材料代替金属零部件。他每拜访一个机械设备厂家，都会说：“我不知道精密陶瓷具体可以使用在哪里，虽然我不知道，但是精密陶瓷有这样的物理特性，你们有没有因金属被磨损而困扰的地方呢？”①

后来他发现，纺织机械行业，是一个很大的市场。因为丝线高速滑动，巨大的摩擦力导致走线部分的零部件大幅磨损。果然，京瓷在织布机上大获成功。

之后，稻盛和夫又进一步发现泵的地方也会面临磨损。比如，冷却器经常会出现漏水问题，原因是泵外面的橡胶封贴长期使用会磨损。正是充分利用陶瓷的超强耐磨性，稻盛和夫进一步拓展市场，用陶瓷成功代替橡胶。

他说：“其实我不知道陶瓷应用于何处，明明什么也不知道，但我抓住了陶瓷不会磨损的这一特性，以危机感为跳板，探索出了陶瓷的这个出路。”

正式通过反复地进行市场创造、需求创造、新商品创造、新技术创造的四种创造，成就了今天的京瓷。

---

①　稻盛和夫：稻盛和夫在第 26 届盛和塾世界大会上的演讲，载“稻盛经营之道”，2018-10-1。

3. 海丽雅的四立方（4^3）战略

创立于 1922 年的百年企业海丽雅，中华人民共和国成立以后它的实体得以延续下来，一直到第二次股份制改革，走到今天的海丽雅每一个重大的战略举措，都积极融入国家发展战略，我们称这些部署为“四立方（4^3）战略”。

第一个四，以特种绳缆为核心，从材料、结构、技术和工艺四方面进行持续的技术创新。用绳缆替代钢索，在各种应用场景当中找到新的机会，为客户创造突破性价值。

第二个四，用专、精、特、新思维，寻找特殊的应用场景，创造独特的解决方案。

第三个四，以特殊绳缆为核心，结合国家重大发展战略进行产业布局，以海洋装备产业、军工装备产业、安全应急产业三大板块为主体。同时，不断拓展到更多领域、更多场景，开发特殊技术应用的新领域。

基于百年积淀，海丽雅的“四立方战略”用产业布局拓展了未来发展的巨大空间。

四、用并购拓展产业边界

1. 并购来的冠军

西蒙教授认为，对于部分全球冠军而言，并购对于公司的增长起到了很大的作用。当自身技术实力不足，或者拓展新的业务板块时，并购不失为一个好的举措。

这同样适用于专精特新“小巨人”、单项冠军。因为，一是出于竞争壁垒构建的考虑，二也是出于持续增长的考虑。

广东东方精工科技股份有限公司（以下简称东方精工）是国家专精特新“小巨人”企业，在智能自动化瓦楞纸箱包装设备领域，它已经做到全球前三的市场地位。今天的地位和它擅长“并购”是分不开的。

2011 年，东方精工成功上市。上市后，短短几年时间便通过持续的内外收购、投资实现了对全球 6 家知名企业的重大合作。

第一个企业是意大利 Fosber 集团，这家企业生产瓦楞纸板生产线设备，2013 年销售额为 10 亿元人民币，在全球细分市场排名第二，是东方精工的上游企业。而当时东方精工的销售额只有 3 亿多人民币。

收购前，这家企业面临无人接班的困境，尽管亚洲市场对它们而言也是一个巨大的吸引，但还是达成了收购协议，东方精工用 8 个月时间完成了 60% 的股份交割。此后，沿着产业链，陆续收购了 6 家企业，包括嘉腾机器人、意大利 Ferretto 集团等企业。

通过并购，东方精工完成了纸箱厂可以在东方精工完成整厂智能自动化的“一站式”采购的布局。

东方精工获得的重要经验是，与境外合作伙伴共同设立合资公司。合资公司作为先进技术消化的载体，通过联合组建研发、生产、销售等管理团队，真正实现西为中用，更好地带动本土技术力量的提升，同时可以培养一批专业的产业工人。通过这种模式，东方精工成功实现了海外优质技术资产的国产化和有效转移，为持续增长提供了强劲的动力。如今，东方精工的营销规模已经将近30亿。

另外一个成功案例是中国国际海运集装箱（集团）股份有限公司（以下简称中集集团）。中集集团成立于1981年，1997年成为集装箱领域的世界冠军。中集集团是中国隐形冠军集团军的代表。

最近20年，中集集团通过并购一系列北美、欧洲本土的冠军企业，培育了一批世界冠军。据中集集团技术研发中心主任刘春峰介绍：在中集集团，大约有十五六个单项冠军，是依靠合作并购的方式来培育的。

在中集集团，一个单项冠军如果能把销售额做到10亿以上，就会把它分离出来进行上市，上市时保留10%、20%左右的管理层持股。这种事业合伙人机制对隐形冠军的培育，起到了很好的促进作用。

2. 多氟多为何并购失败

再举一个失败案例，多氟多化工股份有限公司（以下简称多氟多）原本是依靠锂电池电解液“六氟磷酸锂”起家的，在全球每四块锂电池中，就有一块用的是多氟多的六氟磷酸锂。2015年，多氟多收购红星汽车，拟打造新能源全产业链。

但造车布局之后，多氟多的公司业绩不断下滑。最终，2020年退出红星汽车。有媒体估计，多氟多此次造车累计投入超百亿。

2020年公开资料显示：“多氟多公司从2019年下半年开始就

已经放缓了锂电池以及新能源汽车业务发展，注重发展新材料业务。”从中我们可以得知，多氟多已经退回到新能源电池、新材料领域，继续钻研深耕。

多氟多这次并购失败，源于哪里？

多氟多从提供锂电池原材料进入整车领域，我们需要思考，它是否有汽车基因。多氟多的基因里，有化工氟锂硅基因，没有汽车基因。理论上来说，汽车基因是可以通过并购来植入的。

多氟多如果并购整车厂商，就必须要解决两个问题。第一，这家企业的汽车基因是不是已经出现了？第二，多氟多是否具备有机成长的能力？即能否把它并购过来，在文化、战略上变成自己血肉的一部分。

当时多氟多收购的红星汽车是否具备坚实的汽车基因呢？据公开信息：在收购前，红星汽车在 2013 年、2014 年和 2015 年 1 ～ 4 月份的亏损程度分别为：1162.64 万元、1891.86 万元和 775.59 万元。可见，截至并购前，红星汽车仍处于经营亏损停产状态。

但为什么还发生这起并购呢？据媒体报道，此前多氟多已经从技术上、研发上具备做整车的能力，也已经在研发新能源汽车样车，只是由于政策原因，急需整车资质，而红星汽车正好拥有。

2016 年，多氟多迎来上市后利润最高峰后，业绩便一路下滑，2019 年净利润首次出现亏损。可见，在相当长一段时间里，多氟多为红星汽车持续“输血”。

如果这家企业本身就不强，多氟多本身又不是做汽车的，把它并购过来就有问题。如果并购这家企业很强，多氟多把它并购过来，又希望自己操刀，这也会出问题。虽然具体不知道这些并购中间发生了哪些细节故事，但可以肯定的是，红星汽车本身是不强的。

当我们当面向创始人李世江本人求证此事时，他坦承："对我来说，当时进入新能源汽车确实是有点盲目。我觉得别人能做，我也能做。但后来发现，我在不擅长的领域空有一番抱负，是不行的。因为到最后，我的人才不支撑、资源不支撑、组织不支撑。"

最后，这起并购以失败告终，2020 年下半年，多氟多出售红星汽车的全部股份。

相反，之前提到三一重工收购普茨迈斯特的案例，就是一起非常成功的并购案例。普茨迈斯特被誉为"全球泵王"，是全球混凝土机械领域当之无愧的王者，首先，它本身就拥有非常强大的实力。

其次，收购之后，三一重工非常尊重德国企业原来的治理。当时管理层只委派了一个财务联系人员，其余基本上都是以前的团队。同时普茨迈斯特还可以借助三一重工海外渠道，以及部分零配件供应链的支持。这使得普茨迈斯特在被三一重工收购后，得到了极大的发展。

所以，企业想要通过并购来拓展产业空间，就必须考虑到企业自身基因、并购企业本身的强弱，以及并购之后的融合方式。

结语

当前环境下，全球化已经成为标配，即使没有走出国门也会“被全球化”，因为源源不断的跨国公司涌入中国寻找新的市场。在双循环时代，对照国家战略产业布局寻找产业切入点，从经营产品过渡到经营产业，专精特新企业以核心技术为基础，不断拓宽自己的产业版图，不断做强做大，最终迈向全球冠军。这条道路，在当下看来更具有现实意义。

第三章

一体化运营

消除专精特新道路上的战略盲点

3

专精特新企业要实现高质量可持续的发展，需要有“一体化运营”思维。

每位企业家都有自己的独到之处，但人无完人，能力出众的人也会有自己的认识盲区。企业家很容易因为自己过往的成功经验，形成自己的站位，在某个程度上造成视野的局限。成功之处，往往也是失败的地方。企业家很容易被某些成功因子所束缚，最后无法延续成功，或者走不长远。

在专精特新企业，以技术见长的企业家带着一帮团队创业，在发展壮大的过程中，会出现一些共通的问题。根据我们多年的研究经验，总结出八个战略盲点和一个注意要点，以及消除战略盲点的策略。

第一节
消除技术盲点：从产品到解决方案

我们过去是根深蒂固的产品思维，今天要站到应用场景的维度来思考，客户有什么痛点，解决这个痛点的整体解决方案是什么。为了解决客户的问题，需要用什么样的硬件产品、配套产品，需要什么样的关联服务、信息系统，用整体思维来寻求整体解决方案、整体价值。

斯凯孚集团（以下简称斯凯孚）是全球知名的轴承企业，轴承看似不起眼，却是推动工业文明发展一个里程碑式的发明。

2020 财年，斯凯孚的营业收入为 748.52 亿瑞典克朗，约合 559.56 亿人民币。而在最初，斯凯孚也只是一家十几人的小公司，它是如何打造出一个百亿级跨国轴承王国呢？

从轴承技术出发，斯凯孚开发出了一系列的轴承家族产品，只要说到轴承，都是斯凯孚的强项，无论是宏观的全新领域，超大型轴承，甚至上天工程的轴承，还是非常微观的应用领域，小到纳米级的轴承，斯凯孚都可以为客户提供具有竞争力的优势产品。斯凯孚还有一段令人津津乐道的历史，它曾经是以安全著称的沃尔沃汽车的母公司。

如今，它的业务已经不仅限于提供与旋转轴相关的产品，而是升级为整体解决方案，譬如密封、润滑管理、人工智能和状态监测。它服务于汽车、铁路、航空、新能源、重工、机床、物流、医疗等40余个行业，现正加速其在业务和服务数字化、工业物联网及人工智能领域的转型，演进为一家知识、技术和数据驱动的企业。

斯凯孚对自己的定位在官网上是这样表述的："我们的专业知识基于轴承、密封件和润滑系统的开发、设计和制造。同时，我们还提供机器状态评估、可靠性工程设计和再制造服务。"

斯凯孚的进化是如何发生的呢？从它的发展历程中，我们可以找到答案。

斯凯孚是一家有发明家基因的企业，它的创始人名叫斯文·温奎斯特，曾经是瑞典哥德堡维修工程师。从创立开始，斯凯孚就把"精益求精、质量第一"作为企业的产品信条。有这样一个故事，一台1913年生产的水轮机中，斯凯孚的滚珠轴承一直不停地转动了40亿转，历时50多万个小时，其滚动距离相当于从地球到月球作了两次旅行。后来这台水轮机被替换掉了，但机器里的轴承却继续使用。

斯凯孚抱着这种产品思维，在轴承界一骑绝尘，保持领先优势。但斯凯孚并没有被自己的产品所掣肘，而是从产品出发，围绕应用场景，向服务解决方案提供商进化。

1914年，斯凯孚成立了技术顾客服务部。

1916年，斯凯孚收购了最适合生产高质量轴承用钢的融钢厂，以及传动设备所用球轴承和铸件的生产商。

1926 年，斯凯孚附属公司沃尔沃公司开始生产实验轿车，就是我们现在所熟知的汽车品牌。

1988 年，斯凯孚工程学院落成。

2000 年，斯凯孚收购苏格兰阿伯丁的维护工程咨询公司。

2004 年，斯凯孚收购世界领先润滑系统公司 Vogel AG（沃格尔），在俄罗斯莫斯科成立了一家工业服务中心。

2007 年，斯凯孚迎来了创业 100 周年。同年，它的发展脚步继续快速扩张，在全球收购了多家公司，从技术设备生产商，到预测性服务维护公司，涵盖了多个领域，除了轴承和轴承单元，还有密封、润滑、机电一体化、状态监测等系统解决方案和服务。

从斯凯孚 100 年的发展历程中，我们可以看到，它虽然是从技术和产品起家，但创立 7 年后就成立了客户服务部，在公司的早期就树立了客户服务意识。

后来生产沃尔沃汽车，斯凯孚从基础技术直接迈入了产品应用技术的领域。

再后来，斯凯孚在全球范围成立子公司或兼并收购，既有为技术研发服务的学院，也有涉及产业链上下游的业务，还有维护工程咨询公司，从基础理论，到产品生产制造，再到服务方案设计、落地、维护等，为其业务的纵向和横向发展做了全面的布局。

斯凯孚的业务从产品制造到服务解决方案的发展过程中，始终不变的一个核心点是——从应用场景出发。斯凯孚的服务理念，是以客户为中心，发掘客户需求，为客户创造价值，从客户应用驱动创新。斯凯孚认为因为行业、应用、要求、规模、财务状况的不同，每个项目都独一无二。斯凯孚会从材料科学、润滑和摩擦学知识，利用独特的模拟程序去验证客户的设计或需求。

从应用场景出发，斯凯孚融入了数字化的大潮，2013年，它发布了新的监测技术，叫作斯凯孚洞悉。这是一款集成于斯凯孚轴承产品中的突破性智能无线技术，用于监测轴承的运行状态。斯凯孚已开发出多项智能技术，使其轴承能够借助内置传感器与电子数据采集装置持续发送其运行状态。一直以来，轴承被认为是旋转机械的“心脏”，而如今，斯凯孚让轴承成了机械的“大脑”。①

这个系统可以做到智能无线连接传感器来实现温度润滑情况和载荷情况的实时监测，可以实现全球智能，可以应用于风力发电机、高铁等目前急需解决的高端应用。

操作人员可以远程监测设备的运转状态，通过监测到的数据查找到问题根源。这个检测系统还应用在列车轨道的检测，数千公里的铁路检查和维护都可以通过远程实现，在问题演变成故障之前将其解决，避免不必要的风险，节省成本和时间，并提高车上乘客的安全性。

斯凯孚的各种不同应用横跨40多个行业，每天产生大量的数据。运用算法把数据转化成有价值的信息，比如对设备衰退情况和健康状况的预判、对设备进行联合协调、对异常的响应……然后提供关联的服务，从而帮客户创造价值。

企业在特定的应用场景当中，通过硬件产品来给客户创造价

① 《斯凯孚（SKF）发布突破性的轴承状态监测技术斯凯孚洞悉（SKF Insight™）》，载SKF，2013-05-16。

值，它背后其实是基于解决方案来发挥作用。所以，企业要从硬件思维转向系统思维，转向服务思维，只有转型为整体解决方案服务商，才能与客户共同发展，形成战略的合作。

整体解决方案通常包括四个方面：硬件、软件、人才和服务。它既包括系统、技术、产品的开发和维护的服务，以及帮助客户培养专业人才和通用人才，还包括其他关联的配套服务。

专精特新企业要敢于突破自己的边界，消除技术盲点，就要看到整体解决方案所需要的其他方面。

第二节
消除文化盲点：从工匠精神到创新文化

在日本山形市，曾经有一家 130 多年历史的腌菜专卖店。

自创业以来，这家店铺就利用当地的蔬菜制作各种腌菜销售。随着人们饮食结构的改变，腌菜的购买量在不断降低。腌菜店找到了新的生存方式，把店铺改造成饮食餐厅，利用古色古香的建筑吸引游客，也曾经一度成为网红景点。

但是他们的业务始终专注于传统的腌菜，增加的餐饮服务并没有从根本上改变业务的核心，所以并没有给这家腌菜店带来真正的活力。2020 年新冠肺炎疫情突袭而至，游客数量骤减，成了压倒这家百年老店的最后一根稻草。①

坂本光司教授曾说过："未来 10 年，将是日本大量专注型企业死亡的 10 年。"而且这个大量，指的是 90%！

我们常说，专注、聚焦是工匠精神的内核，但是为何大量企业面临"专注死"？不少企业陷入一种误区，认为工匠精神就是一辈

① 《日本百年企业大危机：疫情后大量破产！》，载"日本二三事"，2020-11-12。

子只做一个产品。但这样做的后果是，颠覆性技术的出现或者重大的市场环境的变化，会让企业陷入绝境之中，丧失领导者的地位，甚至直接消失。

工匠精神，是否应该专注在某一种特定的产品上？针对这个问题，赫尔曼·西蒙认为：企业聚焦在特定技术、特定产品上则是有风险的。而是应该聚焦在某一特定的客户需求上，因为需求是不会消失的。有人类在，就有欲望和诉求在，就会需要某一产品来解决某一方面的痛点问题。

再看另一家日本百年企业，名叫柳屋，做的也是与食品有关的生意——生产蟹肉棒设备，我们吃火锅时少不了的蟹棒，就是由柳屋研发出来的。但它不做食品，而做食品设备。现在它在该行业的全球市场占有率为 70%。①

柳屋最早的产品是鱼糕，自 1932 年创立，到 1975 年第三代社长柳屋芳夫上任时，公司还仅仅是在山口县市场占有率为 20% 的小微企业。为了企业的生存和发展，柳屋芳夫花费 4 年走访日本的鱼肉加工企业，听取客户对柳屋产品的意见，从而做出改进。

当时客户反馈，在使用柳屋的鱼肉制品装置时主要的痛点在于价格太高、产品性能不好和维修没有保证。柳屋芳夫对于客户的口碑视如珍宝，这些“差评”为公司通过改进设备性能或研发新的好产品，同时提高服务能力满足消费者需求提供了非常宝贵的依据。

---

① 谢丹丹：《日本隐形冠军靠什么以弱胜强？》，载《中外管理》，2020（1）。

接下来，柳屋的接班人确定了几个原则：第一，做谁都不做的事情；第二，成为“不是这家公司就不行”的公司；第三，深度了解客户的工作；第四，要比同行早走一步，提出先人一步的方案。

全球消费者普遍对蟹的接纳程度高于鱼，但蟹的价格比一般的鱼高很多，怎样才能满足大众消费者对蟹的需求？基于对用户饮食习惯的洞察，柳屋芳夫当时决定研发以鱼为原材料生产具有蟹的外形和味道的蟹棒，最终提炼出“蟹味鱼糕”这一差异化产品概念，并决定研发蟹味鱼糕制造机。1979 年，柳屋首次推出蟹肉棒加工设备。10 年以后，在蟹肉棒领域，柳屋创造了全球市场 15 万吨、日本市场 5 万吨的产能。它创造了一个市场。直到 2012 年，全球的蟹肉棒市场规模变成了 50 万吨。

同样是做传统的食品起家，日本这两家百年企业却有着迥然不同的命运。山形市腌菜店的没落，与柳屋的发展升级之间的差异在哪里？

产品是面向内部，还是面向外部？即是否对消费者需求有足够的关注。

日本法政大学教授坂本光司曾走访过 7500 多家日本中小企业，他认为新旧工匠的差别，在于以前的日本匠人生产的是产品，而不是商品。产品不是面向顾客，商品是真正买到顾客手里，被顾客接受的。[①]

① 雪之盈：《新工匠精神，不是抱守古人，而是让传统脱骨重生》，载“吴晓波频道”，2016-08-09。

2000 年，义乌市双童日用品有限公司创始人楼仲平第一次参观了日本奈良的一家筷子厂，虽然是 45 年的老厂，但产品非常精致，工艺水平很高。2009 年，楼仲平再次参观时，发现几乎没什么变化。而它生产的筷子已经越来越少，大部分机器停放在车间，部分员工已陆续离开。

当时，这个画面让楼仲平陷入思考：一个企业仅有专注和坚持是不够的，必须适时进行创新和变革。无论哪种精神，都不能脱离创新，只有这样才能跟上时代的发展。2013 年，这家企业最终停产，原因是社长去世，无人接班。[①]

我们再追溯一下匠人精神的内核，匠人文化的基本思想是三个字“守、破、离”。这个路径，也能说明“工匠精神”与创新的关系。

“守、破、离”源自日本剑道学习方法，后发展到其他武术与行业。这三个字如何去解读呢？

守：尽可能倾听更多人的经验，遵守既定标准和师傅的教导，长期反复操作，练就基本功。

破：在遵守基本的基础上，苦练自身功夫，逐渐突破传统的局限。

离：脱离学来的既有形式，发挥自主独创的个性，形成自己的风格。

“守、破、离”，强调的是开始时要在过去的基础上反复操作，加强基础，苦练自己的功夫，在传承中融会贯通，寻求对传统的突破，最后形成自己的特色，也就是在最高层面形成全新的状态。

---

① 史亚娟：《为何我们不能全盘接受日本“工匠精神”？》，载《中外管理》，2018（8）。

腌菜店一直固守在“守”的阶段，在“破”的路上刚刚迈出了半步，尝到了甜头，就故步自封。而柳屋是真正把“守”“破”“离”三个字都做到位了，它延续着企业创始时的食品基因，从这个基因出发，从食品走向食品工业，进而走向食品工业服务解决方案提供者，既传承了传统，又突破了传统，奠定了在蟹肉棒设备制造领域的全球冠军地位。

专精特新企业要注意消除的盲点是——文化盲点。

匠人文化，或者工匠精神的内核是什么呢？

匠人文化很多时候是体现在个人身上，如果一味追求匠人文化，这种文化不仅不能给企业提供持续动力，甚至变成发展的桎梏。所以企业要突破文化的盲点，从匠人文化升级到创新文化。

从这四个精神内涵来看，与日本所提倡的“守、破、离”的匠人文化基本精神如出一辙。前面所提及的轴承世界冠军企业斯凯孚，最早的时候是靠发明家创立公司，100多年过去了，发明的基因已经沉淀在整个组织，由个人创新变成了团队创新，由靠灵感性的创新变成一个机制化的创新，由员工自发式的创新变成了组织规划性的创新。

因此，**专精特新企业要做强做大，就要摒弃企业家的个人英雄主义，构建组织的创新能力。**消除了“匠人文化”的盲点，企业创新的速度和成果就会大踏步向前。

第三节
消除战略盲点：提高战略管理成熟度

专精特新企业要消除的第三个战略盲点就是要消除自然成长。在资源有限的情况下，广大中小企业必须将“专精特新”作为发展战略，从求专、求精、求特、求新到做专、做精、做特、做新。

过去，我们做企业都是今年定明年的目标，明年定后年的目标。现阶段疫情常态化，企业总有悲观情绪说明年不好过，所以就不敢定太高的目标。

自然成长对企业发展是有害的，因为没有发挥企业的主观能动性，所以企业必须从自然发展转变为战略性发展。在追求战略性发展的过程中，最重要的是“做战略”，而且要提高战略管理的成熟度。

小公司往往对战略不太重视，但是它也能够发展。小企业的第一个发展阶段主要是依靠领导者的洞察力、战略意志和战略情绪。但随着企业的发展，这些都要转变成组织的战略行为。因此，我们强调小公司也要有战略。

什么叫“有战略”？就是要正经八百地进行战略研讨，认真严肃地做出一个关于战略的文件，这个文件可以变成一份宣讲演示的文件，可以向别人展示说明，在传达过程中不会走样。

前几年，我们帮助中国企业引进一些日本权威专家。专家走进中国企业时，问的第一个问题就是：“你们的中期战略是什么？企业文化是什么？基于未来5年的中长期发展目标能够做什么？期望做到什么程度？……”

不少企业领导者一开始能够夸夸其谈说很多，但是说完了以后，日本专家就问：“你的战略文件在哪里？”这个时候，领导者往往语塞，拿不出成型的战略文件。归根结底，是中国大部分中小企业并没有战略意识，所以就拿不出成型的战略。

这个例子要说明的是，无论企业规模现在有多大，都要树立战略意识，认认真真地做战略研讨和规划，如果能够做到这一点，企业就很容易消除战略盲点，避免踩坑。

每个企业都会有自己的战略盲点，专精特新企业也不例外，通常可以归纳为五类战略盲点。

（1）对单一龙头企业的过度依赖。专精特新企业很多时候只要服务好一家大公司，日子就可以过得很滋润，往往不能主动意识到这是一个很大的风险。

（2）对国内市场的过度依赖。

（3）对单一行业产业的过度依赖。

（4）原材料还是依赖国外独家供应。

（5）无视汇率风险。

如何避开这些战略盲点呢？就是通过导入企业战略和战略管理机制，认认真真地做战略，认认真真地执行战略，用战略来驱动企业的发展。在制定战略的过程当中，企业要善于利用外部资源。比如，邀请独立董事、券商参与战略制定，或者聘请顾问机构为战略制定提供参谋意见。通过这些方式，企业可以大大提高战略的质量，同时规避战略盲点和风险。

很多企业并不是没有尝试过战略，而是刚开始发展战略起步阶段那几年，效果并不明显，最后就不了了之，企业也就不再重视战略。

有一个数据表明：大约 65% 的战略，必须要员工在行为层面产生变化才能实施。所以，企业家在制定战略的时候，要考虑用最通俗易懂的语言，让一线员工理解到位。从具体的执行落地层面看，木元哲认为企业应该遵循几条原则：第一，聚焦最重要目标；第二，制定以先行指标为基础的行动；第三，制定敦促行动的得分表。

刚开始做战略，难点会在哪里呢？关键在于企业是否有一些重大的战略举措，让员工对战略目标的实现充满信心。简单来说，就是新打法、新东西有没有出来？体现出来就是企业有没有战略项目？没有战略项目支撑，员工就会观望：你说得那么好，定了 100 亿的冲刺目标，今年不就这样吗？

1. 要找到战略抓手

战略项目是什么？就是通过识别出制约公司中长期发展的重大瓶颈，再由公司层面投入资源，来推动突破一系列关键点，立项变成相应的战略项目的行动计划。

抓手在哪里？

比如，我们经常讲缺人、缺人。那企业有没有“领军人才计划”？领军人才计划的主管领导就是董事长，领军人才、研究人才放到哪里？企业有没有研究院？他们在研究院里面坐什么位置？是否成为研究院里某个技术开发研究所的“首席科学家”？

2. 切忌战略项目部门化

全球排名靠前的某酒店集团，刚开始推行战略项目时，效果也不是十分明显。他们在集团层面推了 6 个战略项目。但为什么不理想呢？因为这些项目是部门负责推进的，比如这个项目人力资源部门负责，那个项目客户服务部门负责，结果导致执行不力，问题出在哪里？

公司层面的战略项目部门化了，推进力度不够，这样很多项目就会不了了之。

公司层面的项目应由公司层面来管理，放在每个月总裁办公会之后。比如“未来 CEO 培养工程”，不是人力资源部门的项目，而是公司层面跨层级、跨部门组成一个小组，来执行这个项目。每个月都做总结，并向总裁办公室汇报。

3. 成立战略管理委员会

项目立项的时候，这个项目怎么做，不是由项目组决定，而是公司层面的战略管理委员会来决定。企业应该成立专门的项目团队，专门制定好规则，一个项目到底应该怎么做。

如果没有战略项目作为抓手，战略推行在起步阶段就会非常难。

另外，还要注意的是，企业不要因为花费了大功夫去制定战略，就坚定不移地执行既定的战略。战略是基于对现状的判断，对未来做出的假设。所以，战略并不是等万事俱备才可以去做的，而是边做边调整。

我们提出了一个企业跨量级发展战略的制定方法，它有一个形象的名字，叫“四梁八柱”，可以概括为：顶要高、梁要宽、柱要粗、基要厚。“屋顶”是企业的使命、愿景、中期战略，“四条梁”是企业的组织架构，“八根支柱”就是业务模块，“基础”就是子战略模块。

具体如何来制定？我们提炼出了“战略共创十步法”。步骤包含从战略导论、复盘到研讨等，到最后落地执行及管理等内容。

企业无论规模大小，都可以依循“四梁八柱”和“战略共创十步法”进行战略的制定及管理。如果企业能做到常态化的战略管理，形成战略滚动管理机制来提高企业的战略管理的成熟度，企业的组织实力就能够持续加强。

第四节
消除品牌盲点：树立品牌资产观念

20 世纪 80 年代，德国著名管理学家赫尔曼·西蒙提出了“隐形冠军”的概念，是指那些不为公众所熟知，却在某个细分行业或市场占据领先地位，拥有核心竞争力和明确战略，其产品、服务难以被超越和模仿的中小型企业。

专精特新企业身上就带有很强的“隐形冠军”标识，但“隐形”这个名称透露了一个重要信息，即不为大众所知。换一种说法，就是品牌知名度不高。这本是一种普遍存在的现象，但因为“隐形”二字，不少企业以“低调、埋头做事”为傲，甚至拒绝一些曝光等品牌行为。但事实上，这是一种战略盲点，这也是大部分专精特新企业的通病——没有意识到品牌建设的必要性。

不是说品牌不重要，而是企业主觉得现阶段没有必要花额外的精力或者投入去做这件事情。我们听过很多企业说，好产品会说话，只要用心做好产品，品牌自然就树立起来了。但是这些企业却忘了，今天的时代是一个产品及其丰富的时代，是一个互联网时代，如何让客户最快的时间找到你？如何让自己的产品在众多的好产品中脱颖而出？这和做好产品同等重要。

那企业怎么用最小的投入，获得最大的品牌效果收益呢？最现实和具操作性的路径，就是参与到国家的专精特新体系评选中来。有的企业认为应该埋头做好自己的产品，而不是把时间花费在这种无用的评选上。

如果企业有这样的想法，很可能就会被边缘化。

近几年，政府部门在大力推动“专精特新”的认定和培育工作。它主要是由国家工信部这个政府部门来组织，评选要求和申报条件都有严格的规定。企业必须提供包括销售收入、利润率、缴税金额、市场份额、专利技术等详细的申报材料，这大大提高了认定的真实性和专业性。企业参与专精特新认定，一旦上榜，就意味着获得权威背书和社会公认，政府推广和媒体传播就会使企业的品牌知名度提高一大截。

我们来看一个案例，青岛海丽雅原本只是一家做女性扎头绳的民营企业。近年来，它在“绳”的产品上做文章，投入大量人力物力攻坚克难，研发出能“上天入海”的特种绳缆，参与到“蛟龙”号深海装备、“天问一号”火星探测器的工程中。一家普通的民用产品企业华丽蜕变为中国的高科技企业。因为参与到国家的飞天潜海的工程，海丽雅得到了众多媒体的报道，政府、社会各界的关注也随之而来，品牌知名度也因此不断提高。

当然，对于大部分企业而言，能加入国家级工程不是一件轻而易举的事情，既需要实力，也需要机遇。因此企业在修炼内功的同时，也要多方寻求机遇。

而专精特新认定，对于企业而言就是一个重要的机遇信号，是企业树立品牌的重要抓手。政府在大力培育不同级别的专精特新企业，从市级、省级专精特新企业，到国家级专精特新“小巨人”，再到制造业单项世界冠军和领航企业。

在这个过程中，政府用产业思维，尤其是用三大产业集群来做规划，以推动良好产业生态的形成。小公司能够借机快速融入国家大战略，在这个基础上，企业的品牌得到认证，企业的传播力、影响力就会越来越大。

在这个平台上，企业要迈向的不是隐形冠军，而是真正的冠军，是广为人知的冠军。参与专精特新认定活动，可以链接多方资源，融入产业生态，从而提高企业的发展优势。

中国需要“冠军”，不需要“隐形”，因此中小企业一定要把品牌建设上升到战略高度，认认真真地做品牌战略，树立品牌资产的观念，把品牌当作企业的资产来打造、经营。

专精特新企业在具备品牌意识以后，随着企业的发展、品类的扩充，企业还要站在更高的品牌战略角度，从单一品牌走向多品牌矩阵。

海丽雅如今已经进入到航天工程、海洋装备、军工装备、安全应急以及其他的相关领域，产品品类从普通民用产品扩展到多种特种设备。如果所有的产品都使用“海丽雅”这个品牌，显然不利于公司的发展。

定位理论创始人之一艾·里斯在“三大品牌经典之一”——《品牌22律》一书中提出“收缩定律”，他认为品牌的力量和它所代表的产品数量成反比。扩张产品线在短期内可能会提升销量，但却和品牌的建设理念背道而驰。如果想在客户的心智中建立起一个强大的品牌，就需要收缩你的品牌，而不是扩张它。任何打造品牌策划的最终目标是主导一个品类，当你主导某一品类时，你就会变得特别强大。

因为历史沿袭，“海丽雅”这个品牌名称，在客户心中已经建立了很强的民用产品心智地位，如果把海丽雅用到军工领域、海洋装备领域、安全应急领域等所有品类，这只会削弱品牌在这个领域的影响力。其实在几年前，海丽雅就注册了新品牌——“蛟龙”，但至今还没有正式启用。

我们曾与海丽雅第七代掌舵人、现任董事长张旭明女士做过深入沟通，建议海丽雅在品牌战略上要做重大调整，以“蛟龙”作为主品牌。“蛟龙”是一个非常好的载体，包含了中国传统的龙文化，龙是神话传说中非常有力量的生物，能上天入海，跟海丽雅的航天工程、海洋战略非常契合。“蛟龙”有非常强大的市场穿透力，能让大家产生品牌联想，更容易为目标受众所接受。

而在安全应急领域，再启用一个新的品牌“海丽安心”。原有的品牌“海丽雅”，加上“蛟龙”“海丽安心”组合起来，形成多品牌矩阵，与企业的多领域多品类发展战略相匹配，能够推动企业实现过亿进十亿的跨量级发展目标。

第五节
消除治理结构盲点：从领导驱动到人才驱动

专精特新企业要消除的第五个盲点是治理结构盲点。

治理，就是构建秩序，目的是解决潜在冲突以实现共同利益。治理结构，是指一种制度安排，在这种制度安排下，交易得以有效实现。

专精特新企业一般都是从中小企业起步，企业领导者创业，带领团队开疆扩土，销售收入规模增长，市场边界扩大，团队也随之壮大。在创业阶段，企业领导者往往是身兼多职，一个人管全公司，从决策到执行，跟踪业务全流程。

企业的治理结构是直线型的组织结构，特点是从上到下，垂直管理模式；资本收益力创造价值，高度集权，单一负责人，管理者对下属工作负全责；从上到下的指令层层分解，管理灵活，提供简单、成熟的产品；竞争的方式主要是迅速占领市场；企业竞争力来自“团结就是力量”“人多力量大”。

但是创业到一定程度以后，随着企业规模的扩大，这种直线型的治理结构就会成为效率的羁绊。因为决策过于依赖企业领导，尤其是企业发展到这个时候，第一代创始人往往已经到了五六十岁的阶段，需要有更多的新生力量人才为团队注入生命力。因此治理结构也要随之改变，要从领导驱动变为人才驱动。

当发展到规模化生产的阶段，企业需要的是组织力，用组织行为来经营公司。俗语常说："铁打的营盘、流水的兵。"但是企业如果从百年远景的角度展望，创业者最终就一定会退出公司的历史舞台。因此，对于一家有志于做基业长青的企业来说，应该是"铁打的营盘、流水的创业者"。同样，员工团队也会面临一代又一代的接力，因此也会是"铁打的营盘，流水的员工"。

那么公司要持续发展依靠什么？

要依靠组织力，企业组织就如人体组织一样，细胞会新陈代谢，但是只要组织像人一样有生命、有思想、身体健康，企业就可以有强大的生命力应对时代的变化，走向未来。

所以专精特新企业要重视团队，从领导驱动发展到人才驱动。

我们到企业调研，十有八九都会说企业缺人才。一次，有一位企业家问我们，人才一般会选择到工资更高的头部企业里去，当企业想要发展的时候，却没人可用。这个问题很困扰企业家。所以，怎么和头部企业抢人才？

这个问题从以下几个方面来解决。

第一，在薪酬的设计上，要使用保障性年薪＋系数工资的结构。

企业在做人员年度收入规划的时候，必须确保 13 个月的保障年收入，中层 14 个月、高层 15 个月。如果公司效益好，员工的收入再乘以相应的放大系数。保障年收入加上系数工资，构成员工的总收入。

如果企业经营不好，员工的保障年收入不受任何影响，关联承担的是利润分享部分。在员工整体收入变化不大的情况下，就更容易稳住人才。人才不会为了一年的波动选择跳槽，但管理者必须要消化这种短暂的波动。

第二，企业要做好发展增量结构的设计。

如何在波动中，保证人才不会有大的流失？这实际和企业的发展增量结构设计有关系。“你请人才过来干什么？”比如说，企业要从5亿做到10亿。那么实现10亿的增长点在哪里？每个增长模块配备的人才是什么？人才是为了哪一个部分的增长而来？

如果按照这个结构来设计，企业受到影响的部分就不是全部，而是增量模块。

第三，邀请人才来“打江山”。

在邀请高端人才加盟时，一定要用“打江山”的概念。所以，在和中高端人才对话时，最好要谈三到五年规划。谈邀请他来创造哪些新的增量？一起把公司做成什么样子？这时候人才的心理定位，就不是一年的收入，而是5年左右的发展。真正的高端人才，更看重个人价值的实现。

第四，不要和同行抢人才，要引入跨界人才。

和头部企业抢人才，实际上默认是在和同行抢人才。现在，我们不主张大家和同行去抢人才，同行谁做得好就去挖谁。我们为什么不到客户行业去挖呢？我们要学会引入跨界人才。

第五，规模化人才引进。

企业发展到一定体量时，每年要规模化地大专院校引进人才，进行批量化培养。

第六，设立双总部。

多氟多董事长李世江曾分享到：有一次他去上海寻觅人才。当时，就遇到一个问题：河南焦作地处四线城市，即使把人才挖过来，也留不住。一位朋友给了他很大启发："你不能就焦作谈焦作，比如在上海搞一个办事处或者运营中心，问题就解决了。"

区别到底有多大？朋友回答："如果在焦作招人，你要教这些人该怎么办；如果在上海招人，是这些人才教你怎么办。"

这番话给李世江留下了非常深刻的印象，同时他也意识到"必须到人才集中的地方去组建团队。"①

我们一直在研究"第二总部"这一现象，比如平安保险的第二总部在上海。发展到一定阶段的中国企业要突破发展瓶颈，越来越多的企业选择在国内建设第二个总部。这是一家公司由大到强的转折点。同时，全球人才运营也必须要建立双总部。

以前对人才常用的管理方法是选、用、育、留，或者聘、用、育、留。如今驱动人才不仅要科学的管理方法，还要上升到企业文化驱动。

所以，这里很重要的一点就是，要用企业文化当中所包含的使命、愿景、价值观，把员工的个人发展与企业关联起来。对每个个

① 谢丹丹：《隐形冠军多氟多的人才之道》，载"零牌顾问机构 ZERO"，2021-06-23。

体而言，有生存需求、发展需求，所以企业要首先保证员工能够发家致富。要实现这一点，就依赖于建立增量共享机制，也就是企业的销售收入和利润创造了价值增量以后，也要让员工获得共创共享的回报，特别是让奋斗者、超级奋斗者获得高收入、高回报。

设计科学的增量共享机制、合伙人机制，思考何时启动多级股权激励，都要摆上日程。企业的合规经营，还牵涉到股东、股东会、董事会、监事会的有效运作，捋顺这些事情的过程，就是在消除企业的治理结构盲点。

治理结构的问题有很多需要考虑的地方，我们在长期服务企业过程中，和不少企业家讨论到企业如何合规经营、如何迈向可持续发展和公司治理的时候，发现有一些问题在大部分企业普遍存在。譬如，管理者要不要领工资这个问题就困扰了很多企业主。有些管理者是不拿工资的，但如果放到治理层面来看，这都会涉及公司的可持续性，还会涉及管理者、个人和家庭的安全。

所以建议企业主要用上市计划的逻辑来思考，用资本战略带领企业走出治理结构的盲区，这会成为越来越多企业的共识。尤其是2021年9月3日北京证券交易所注册成立以后，会推动一大批专精特新的企业迈入资本市场。治理结构是所有专精特新企业必须正视的一件重要又关键的事项。

第六节
消除组织发展盲点：从团队力到组织力

任正非于 2011 年 12 月 25 日在撰写的内部文章《一江春水向东流》中说道："我后来明白，一个人不管如何努力，永远也赶不上时代的步伐，更何况在知识爆炸的时代。只有组织起数十人、数百人、数千人一同奋斗，你站在这上面，才摸得到时代的脚。"

企业要迈向组织驱动，要建设企业的组织力。

把"力"的概念引入到组织来研究，是把企业作为生命有机体来看待，组织力代表了企业成熟度。有组织力的企业的表现是成熟稳重，处变不惊；深思熟虑，从容应对；举重若轻，临危不惧；道法自然，天人合一。

企业要进化到一个稳重成熟的阶段，首先要持续提高标准化程度，提高组织效率，集中资源应对变化。标准化包括四个方面的标准化：流程、组织和运营的标准化，战略管理机制的标准化，公司治理的标准化，应变机制的标准化。

企业标准化的过程，要警惕因为过于标准化而导致僵化，因此也要保持持续进化能力和应变能力。

如何保持持续进化能力呢？通过知识管理，企业要持续提高卓越绩效机制优越性的组织能力；要持续变革，组织能力才能持续升级；机制版本要不断迭代；还要持续做文化升级，创造领先优势。

而要有应变能力，就是强调要有快速适应环境变化的组织能力，从被动适应到主动应对。如何提升企业的应变能力呢？危机事件是一个合适的锻炼时机。譬如2020年突然出现的新冠肺炎疫情，企业在面对“黑天鹅”事件时，无论是在产能方案、交付能力、产品策略等方面都要有敏捷的反应能力。

在不确定时代，组织变革已经成为常态。根据美国管理学界的研究，在20世纪90年代之前，企业的变革周期平均在五年左右，进入21世纪之后，企业变革周期缩短为两至三年。

通常而言，有六种外部力量推动组织变革，包括劳动力的性质、技术进步、经济冲击、市场竞争、社会发展和世界政治。从企业内部而言，也有五种力量在推动着变革：战略转变、经营困境、边界演变、模式转变和员工呼声。

组织变革通常有三种时机：顺风顺水、愁吃愁穿和生存危机。顺风顺水就未雨绸缪，围绕中期战略目标和长期发展蓝图考虑组织变革，显然这是主动变革。面临经营困境甚至是生存危机时才考虑组织变革，当然就比较被动了。美国企业比较喜欢在顺风顺水时推行组织变革，其成功概率往往更高。

这也是我们所推崇的。引领变革的首要前提是理念变革，只有在理念上与时俱进，其他变革才会随之发生，最终带动企业的文化变革。

很多时候，不少企业领导者邀请我们咨询公司，其实是发挥

“外来和尚好念经”的作用，借助我们的思想理念去影响团队。这就回到另一个问题，企业在进行组织变革的时候，应该在适当的时候寻求外部咨询公司给予指导。

首先，所谓当局者迷，旁观者清，每家企业身处某个行业中，能够对该行业有深刻的洞察，但是环境是趋于复杂多变的，仅依靠过往或者某个领域的经验，无法应对多种因素叠加下出现的状况。咨询公司作为第三方，因为见多识广，积累了很多企业案例，所以更容易看清楚企业的现状和本质问题，找到解决方案。因此，一家企业不论是主动变革，还是断尾求生，都需要外部智囊助力企业高质量发展，通过项目拉动组织变革。

每一家优秀企业的背后至少有一家长期合作的咨询公司，这个不是中国的经验，而是全世界尤其是发达国家企业的经验。据管理咨询报告统计，英国有 80% 的企业会采购咨询服务，美国有 75%，日本有 50%。[①]虽然这个数字目前在中国只有 8%，但在持续增长中。也有越来越多的事实可以见证，越优秀的企业越重视外脑的助力。譬如华为在 2001 年就开始引入咨询公司，它成功的背后有 17 家咨询公司，其中最著名的，就是 20 世纪 90 年代华为引入的 IBM 咨询项目。

咨询公司具体能在哪些方面给予企业指导呢？它们给企业做参谋的优势体现在管理理论、管理方法和管理工具的先进性、系统性和实践性上。

---

① Trans-Derek：《优秀的企业为什么需要咨询公司？》，载《传世智库》，2021-01-05。

先进性：解决企业变革仍然用几十年前老套、不适应的工具方法的问题。管理咨询公司本就是研究管理的，往往会采用高端、先进的管理理论、方法和工具，结合企业当下的现状、市场的环境，并发明新的管理方法论和模型，实现企业的管理优化。

系统性：解决企业盲目变革、缺乏全局观和系统解决方案的问题。企业自己的变革，往往是零散的。如果没有实战变革成功的经历，就没有全局观，往往如同盲人摸象，出现头痛医头、脚痛医脚的问题。咨询机构能够帮助企业建立一个能够解决问题的、有效的系统性管理框架，这个框架是在其他企业有过成功实践的，比企业自己去摸索更高效。

实践性：解决了企业变革中可能遇到的很多深度问题、偏门问题。咨询公司的顾问为不同行业的企业客户提供过咨询服务，在单个领域研究的纵向深度是不可比拟的。很多问题即使是讲变革的书里也不一定有记录，但真正有实践经验的人，早已碰到过这些问题并已经有了成熟的解决方案。

咨询公司可以从流程、体系、制度、机制、文化、危机应对等方面，给企业提供独立第三方的见解，不被内部的利益关系所左右，能为企业提升组织力提供战略陪伴的源动力支持。

第七节
消除能力盲点：锻造单项冠军产品族的能力

专精特新企业容易出现的第七个盲点是能力盲点。

什么叫能力盲点？我们再次重申一个观点，“隐形冠军”是产品概念，不是企业概念。即使企业被称为隐形冠军，也只意味着这家企业把一个产品做到行业第一。

很多专精特新企业做出了一个冠军产品，依靠这个冠军产品，可以给企业带来一定阶段的发展。但如果要持续发展，必须依靠一个又一个冠军产品。一个冠军产品和 N 个冠军产品的差别是什么？一个冠军产品可能是偶然，N 个冠军产品才是实力。

我们在此前提到的日本专精特新企业评选（GNT），涉及“战略性定量”的评价，其中有两个评价指标：第一，拥有全球隐形冠军的产品数量；第二，过去 5 年企业隐形冠军新产品的销售额占总收入的比重。这两个评选标准来衡量冠军企业的发展是否可持续。这也可以给中国专精特新企业一些启发。

首先，企业要具备打造专精特新产品的能力，如果企业达到了省级标准，那么就可以被认定为省级专精特新企业。如果有两项专精特新产品叠加起来，就会在某个细分领域成为国家级专精特新“小巨人”和单项冠军。所以打造专精特新的产品，或者叫单项冠军产品，必须成为一种组织能力。

当一个企业拥有了第一个专精特新产品，或者第一个单项冠军产品，接下来要把打造单项冠军产品变成组织能力。企业基于独门绝技拓展技术应用场景，然后不断到第二领域、第三领域寻找机会。挖深技术的同时，扩宽应用场景，会使企业的技术实力越来越饱满。新的应用场景又会拉动企业实现技术升级，企业就会将锻造单项冠军产品的能力内化为组织能力。

企业一定不要被戴了“专精特新”这顶“帽子”后，而放松了对自身组织能力的建设。

把锻造冠军产品的能力变成组织能力，还要做到“一体化作战”，一定要避免一点独大，做到一体化运营。尤其是要重视“销研产”的平衡，营销壮大、研发技术、生产交付这三个环节，任何一个遇到瓶颈，都会制约订单的执行，都会影响企业的增量。

所以以技术起家的领导者，尤其是技术型领导者同时担任公司的技术带头人、领头羊的时候，除了重视技术研发，还要对营销和生产给予同等地位的关注，并且要重视财务、重视人才、重视信息系统，不仅仅要做到“销研产”平衡，战略、流程、组织也要一体化运营。

如何做到重视营销创新、重视制造升级，从而实现“销研产”平衡呢？举几个例子说明。

比如技术本身是企业的强项，现在要重视营销，那么就做技术性营销。

在今天的时代，我们不但要重视营销，还要走新营销的路子。在新媒体当道的互联网时代，打造 IP 是营销的必由之路，学习借助新营销手段来传播引流，树立品牌，能快速提升营销能力，推动技术产品获得更好的市场发展机会。

再比如，做到制造升级，要提高企业的一次打样成功比例，持续缩短交货周期，就要提高企业的质量水准，做到精品质量。

企业的制造也要数字化，企业数字化转型是一个复杂的系统工程，涉及商业模式、产品创新、流程优化、组织架构等诸多方面的变革。数字化是企业信息化的整体升级：企业的数字化与非数字化之间的核心差异，在于是否已实现数据在线；是否数据分析驱动业务改善；是否通过数据产生业务洞察，实现精益运营或者业务增长；是否通过数据驱动整个企业商业和业务模式的转型……

“一体化”具体体现在哪些方面呢？

首先在运营层面：企业要通过信息流拉动工作流，工作流拉动物流，物流拉动资金流。营销、研发和生产一体化，才能快速响应市场，加速资金流动，提高资金增值。

其次在战略层面：战略决定流程，流程决定组织；流程服务于战略，组织服务于流程。只有战略、流程和组织一体化，才能以组织为抓手，快速响应市场，将战略落实到经营。

最后在文化层面：企业必须做到义利合一、良心经营，才能迈向可持续发展。文化是企业长寿之本，在心智上决定战略决策，在思维上指引年度经营，在心理上影响员工行为。

只有做到理念、战略和运营一体化，企业才能正确响应市场，预防风险，应对危机，在历史风云中迈向未来。

除此之外，企业要长期做好技术储备。任正非曾在2019年接受央视《面对面》采访时提到一个有意思的例子。在华为有一名俄罗斯科学家，十几年来天天在“玩电脑”，不知道在干什么。任正非给他院士待遇，在颁发奖牌的时候，和他讲话，他也只回答了三个“嗯”。

就这样一个不善于与人打交道的人，突然有一天说，“我们把2G到3G的算法突破了”。华为立马安排人在上海进行实验，实验一经证实立马推向市场，华为一下子领先全世界。

据悉，华为在全球18万员工中研究人员就占到45%，2019年，华为至少有700名数学家、800多名物理学家、120多名化学家、六七千名基础研究的专家、六万多名多种专业的高级工程师在做这一项工作。基础研究的科学家和专家负责把“金钱变成知识”，应用型人才负责把“知识变成金钱”。

第八节
消除自傲自大：依靠团队驱动企业可持续发展

跨越式发展理论创始人东方赢，曾发起了一项“全球跨越式企业标杆研究工程”，通过对500多家国内外优秀公司的研究，他发现，这些卓越领导者有一个共同的人格特质，就是“自大而谦逊”。[①]

怎么解释呢？

“自大”指的是坚持“自我”，对事物有极致的追求，对自己坚信的东西，内心非常笃定，敢于打破常规，且拥有异于常人的毅力。

“谦逊”指的是欣赏他人，给予下属更多的发挥空间，包容不同的意见者，以公司利益为先，不让自己成为公司发展的阻碍。

但是，技术型领导者非常容易出现的盲点就是太自傲自大，以至于周围“寸草不生”。很多企业的创始人有独到的技术特长，做到一定规模以后，很容易出现这个问题。具体的行为表现就是：一心扑在技术上，认为自己全知全能，很难听进去别人的意见，会议

① 东方赢：《成大事的领导者：既自大，又谦逊！》，载“跨越式企业”，2018-05-16。

也经常变成“一言堂”。同时，对公司其他方面却很少关心，比如运营管理和公司品牌等。

这时候，“自大”就是一把双刃剑。独行快，众行远。长此以往，优秀人员很可能会流失，更有可能因为领导者个人的重大变故或者决策失误，导致整个企业陷入困境。这样的领导者，对团队和组织而言，都是一场灾难。

当然，能成为企业领导者，并且带领企业不断发展壮大，他一定拥有无人能及的一面，但一定要避免“超人式”领导者。长此以往，企业发展到一定阶段就会徘徊不前。

在这种情况下，领导者要怎么改变？如何从工程师转变为企业家？从我们多年的管理咨询经验来看，其实对于这样的领导者而言，不用做大的改变。尤其是对于50多岁上了一定年纪的领导者来说，要做大的改变是很难的，而是让其发挥好擅长的东西，痴迷于技术，享受技术，乐在其中。

但另一方面，要找到搭班子的人。企业要持续发展壮大，不能期望通过改变技术型领导者来实现突破，而是应该依靠团队力量。最重要的是，要找到一个大的操盘手，这个人最懂领导者，二人气场相投、相互接纳。技术思维和大的操盘手思维一对接，就会迸发出新的火花。俩人聊完之后就拍着大腿说：行，我们就这么干！

同时要把领导者个人的战略意志转化为团队的战略意识，领导者只需要做好他的技术开发、做好市场洞察。然后依靠团队来对接市场，年轻团队提出自己的建议去影响他，激发他的兴奋，相互作用。接下来，每一个板块都有战将型的人才去担当。通过这样一套机制来循环的时候，领导者就不用改变他的兴奋点。

从大方向上来说，既要一群人，同时又要去寻觅一个“灵魂搭档”。

给大家举两个成功企业的故事。

本田汽车的创始人本田宗一郎是个典型的“技术男”，专长是开发和制造，在技术上无懈可击，但有一个极大的弱点——对公司的管理几乎是个门外汉，只能凭经验和个人好恶来处理管理中出现的问题。这种做法显然不利于公司的发展，期间也出现过危机。值得庆幸的是，本田宗一郎从创业开始，就有一位得力的左膀右臂为他排忧解难，这位得力的合作伙伴名叫藤泽武夫，他曾被誉为“最佳配角”。

藤泽武夫在管理方面有特长，而且性格温和、平易近人，应变能力也很出色，能够创造性地处理一些突发事件。更为难能可贵的是，藤泽武夫对待工作总是全力以赴，从来不会吝惜自己的精力和智慧。

1954 年，本田汽车遭遇了一场生死攸关的危机。年初以来销售停顿，资金周转困难。藤泽武夫采用了独特的销售网络，解决了流通渠道资金周转问题。①

60 年代初，本田汽车的销售额已经达到了 491 亿日元，全有赖于小型摩托车在多个国家的畅销。而这款车型来自藤泽武夫的前瞻性构想。藤泽武夫认为小型摩托车是增加企业销售额快速成长的

① 青春无悔：《天才的两人——本田宗一郎和藤泽武夫》，2010-03-22。

关键，并成功预测到市场的规模大小，做好了经营布局。

有构想但没有技术，开发不出新产品；同样有技术但没有构想，也不会有什么新产品。构想和技术同时存在，才可能做出伟大的事业。本田宗一郎和藤泽武夫是一对黄金搭档，优势互补，创造了 1+1>2 的结果。

有意思的是，藤泽武夫退休之后，却和本田宗一郎“老死不相往来”，并不是说二人关系不好，而是他们两人除了工作上契合之外，其他兴趣爱好完全不一样，但即使是这样的一对搭档，也能创造出本田汽车的奇迹。

另一个类似的故事，也同样出现在著名跨国公司松下电器。松下电器创始人松下幸之助是举世公认的成功企业家，但是松下电器能发展为万亿级的“电器帝国”，背后也有一位无名营销。他叫高桥荒太郎，是松下幸之助的得力助手，他负责把松下幸之助思想转化成经营结果，为松下电器的发展做出了巨大贡献。

松下幸之助同样是一位“技术男”，他个人拥有一百多项技术专利，注重精神追求，一心琢磨技艺。而公司的管理与财务则由高桥荒太郎妥善打理。高桥荒太郎一直扮演的是沟通桥梁的角色，他能够将松下幸之助抽象的说法准确无误地传达给员工。高桥荒太郎凭借自己的能力成为松下幸之助须臾不可离的左膀右臂。同时，松下幸之助也知人善用，愿意向能人授权。

人无完人，企业家也会有不足之处，有的时候要放下身段，寻找能人来补长自身的短板。这两个例子说明，企业经营要借助第二大力——他力。“他力”包括领导者以外的他力、企业以外的他力，这个盲点今天也提醒了很多中小企业领导者要重视这个问题。领导者的身边要形成一个良好的生态，不要独木不成林，大树下面不长草。

结语

我们通过 20 多年的管理顾问经验，总结出专精特新企业在发展的道路上会出现的八大盲点，包括技术盲点、文化盲点、战略盲点、品牌盲点、治理结构盲点、组织发展盲点、能力盲点，以及自傲自大的盲点。盲点比问题现象更为可怕，因为你不知道它的存在。因此，专精特新企业对此要慎之又慎，建立一体化运营的战略思维，通过在运营层面、战略层面、文化层面做到一体化，企业才能做大、做强、做久。

第四章

成本优势

夯实专精特新企业的高效益根基

4

持续增长有多难?

在《隐形冠军：未来全球化的先锋》一书中有一个调研：丽塔 · 麦格拉斯（Rita McGrath）跟踪了 2347 家公司，并做了长达 10 年的调查研究，她发现，10 年下来，只有 10 家公司做到了每年增长超过 5%，占比不到 0.4%。

企业经历了同样的市场环境和经济环境，为什么有的企业能逆周期增长，有的企业却消失在历史的洪流之中。除了大的战略失误外，大部分企业是被日渐高昂的成本所压垮的。所以，成本优势是企业面临的一个永恒的话题，是企业保持竞争优势的基石。

第一节
低迷环境中持续增长、持续盈利

一、持续增长的秘密

在全球商业发展史上，有一个奇迹。

这个奇迹是由美国西南航空创造的。从 1973 年到 2019 年，这家公司持续盈利 46 年。期间，它先后经历了石油危机、经济危机等重大危机。从 1972 年到 2017 年，西南航空的年平均增幅达到了 21.5%。

20 世纪 90 年代初，美国航空业亏损 130 亿美元、裁员超 10 万人。但唯独西南航空保持盈利，且没有裁掉任何一位员工，并且员工还享受了利润分红。

西南航空有一条铁的纪律：每一年都必须赢利，即使在全行业都亏损的情况下。[①]

---

① 曹仰锋：《组织韧性：如何穿越危机持续增长？》，北京：中信出版社，2020。

我们团队曾经连续三年参加“中国造·隐形冠军企业”评选。在评审过程中，我们发现一个现象：绝大多数参评企业的净利润率都低于10%。在和企业互动的过程中，不少企业领导者或者高层管理者都认为经济不景气，原材料成本、人工成本等都在不断上涨，挤压了企业的利润空间。

可在日本的企业界，大家的观念是：不论经济环境如何低迷，都应该保持10%以上的利润率，这是对资本的合理回报。无论世道好坏，企业都应该追求持续增长、持续盈利的目标。

在日本GNT（Globle Niche Top）评价体系中有一个“收益性”指标，它包含人均年销售收入和营业利润率。

日本“2020年度GNT100企业”的平均营业利润率为12.7%。长期致力于“隐形冠军研究”的松下电器（中国）有限公司前总裁木元哲对此进行了解读：日本社会非常重视企业的收益性，营业利润率10%以上才算正常，低于10%说明企业经营能力很弱。既然是全球“隐形冠军”企业，以技术见长、同时在细分市场又是第一，所以它的产品附加值一定是高的，自然而然就会拥有比较高的营业利润率，15%、18%都是比较常见的。

但中国的情况有所不同，很多自认为是“隐形冠军”的企业，营业利润率却在10%以下，不能掩盖经营能力弱的本质，这只能说明目前的细分第一是“虚胖”，是不可持续的。

西南航空和日本GNT评选的案例说明什么呢？说明无论外部环境如何变化，企业必须想方设法持续增长、持续盈利。

那如何做到持续盈利呢？专精特新企业除了依靠“独门绝技”

之外，还要持续创造成本优势。

二、“低成本”是一种能力

西南航空的秘诀，在于它把成本控制做到了极致。香港创业创新研究院院长曹仰锋曾撰文指出：西南航空的“低票价”是战略，“低成本”是能力。

西南航空是如何把“廉价航空”的低成本能力发挥到极致的呢？

通过翻阅资料，我们发现西南航空采取了很多举措来构建成本优势。比如提供有限的服务，包括以下几点。

（1）使用地方小机场。

（2）只使用一种机型——波音 737，利于维护和保养。

（3）没有指定座位，不打印飞机票，登机牌是塑料做的。

（4）不提供餐食。

（5）单一客舱不设置头等舱。

另外，它培养训练有素、协同能力超强的精干员工。每位员工平均服务旅客的数量是其他航空公司的两倍。从西南航空班机抵达目的地机场到再度准备起飞，期间的作业时间为 15 分钟，而其他航空公司大约需要 1 小时。

我们知道，产业转型升级是要从价值链的低端向中高端迈进，从低成本竞争转向质量、技术、品牌、服务的竞争。

所以，企业通常一提到“低成本”，第一反应是排斥的。事实上，“低成本”不等于“要素成本低”，比如土地、人工成本低。低成本代表了企业出色的管理能力、合理的模式设计、超高的技术水平……

美国加州的尼亚加拉（Niagara）公司是美国第一大贴牌瓶装水生产商，产品供应沃尔玛、开市客这样的连锁超市，该公司最大的强项就是成本管控。[①]

因为瓶装水最大的成本来自瓶身和瓶盖的材料，所以企业一直在致力于研究如何把瓶身做到最薄，把 500 毫升的瓶子重量从 23 克降到 13 克，又降到 7 克。瓶子变轻之后，又要解决瓶身不变形、不倒的问题。

另外，还要保证瓶装水在装箱运输的时候，能够最大程度地节省瓶子与瓶子之间的缝隙，以装下更多的水。通过这些技术创新，每瓶水能省 1 ～ 2 美分，但这个数字每年乘以几十亿产量，就会构建巨大的成本优势。

无论任何时候，企业永远需要构建自己的成本优势。

通常企业的成本为原材料、人工、企业费用等，但企业里还有许多看不见的隐形成本。

我们以美的集团（以下简称美的）为例，美的 2021 年上半年净利润 150.1 亿元，同比增长 7.8%，净利润率为 8.6%，这样的利润率在家电行业实属不易。我们梳理了美的这些年“降成本”的三个阶段：显性降本、隐形降本、系统降本。

显性降本指的是以财务预算为主的成本管控，包括采购、研发、制造降本以及费用控制。

---

① 谢丹丹：《中国隐形冠军如何找到适合自己的道路？》，载《中外管理》，2020（1）。

隐形降本指的是以产品和组织为主的内耗管控。2011 年对于美的来说是一个转折点，当年美的营收规模增长达到 21.6%，但是利润率却从 3.4% 跌到 2.6%。追溯原因，美的发现多数品类利润在下滑，甚至亏损扩大。所以，当看得见的成本控制到一定程度时，需要关注看不见的成本控制。①

有些成本实际上是商业模式造成的。很快，美的就针对产品品类“开刀”，把产品型号砍掉了 7000 多个，零部件 SKU 平均缩减到 50%，同时降低劣质成本，包括维修、返工、报废品、投诉等成本。

“系统降本”阶段美的启动了两个重要的项目：632 项目和 T+3 模式。632 项目是以实现“一个美的、一个体系、一个标准”为目标上马了 11 个 IT 系统，对业务流程和管理流程实行了端到端的打通，大大提高了运营效率。

T+3 模式是以销定产、高效满足订单的产销新模式，实现了从客户下单到备料、生产、发货全流程交期缩短至 12 天。2012 年，美的以南沙工厂为试点，开启了工业互联网的探索。据南沙工厂负责人介绍，与数字化转型前相比有以下几点改变。

（1）劳动效率提升了 28%。

（2）单位成本降低 14%。

（3）订单交付周期缩短 56%。

（4）员工减少 3000 人。

---

① 刘欣：《美的如何有效降成本？》，企业运营管理实践，2021。

（5）原材料和半成品库存减少 80%。

（6）物流周转率提升 2 ～ 4 倍。

除了这些看得见的成本，企业还要致力于在看不见的成本上下功夫。这也是为什么有些企业平常默默无闻，在其他企业都普遍低迷的时刻却逆势上扬，其实都是在看不见的成本上下功夫的。

第二节
穿越三大周期，依赖资金实力和总成本最低优势

一、不可避免的三大周期

为什么西南航空能穿越经济周期而不衰？

还有一个非常重要的原因，原来，在航空公司的成本结构中占比最大的是燃油，大约在 25% ～ 30%。西南航空利用了“套期保值”这一金融产品来降低燃油成本。燃油是期货商品，西南航空通过套期保值来对冲原油价格波动带来的影响。

西南航空对于燃油的套期保值比率达到 70%。数据显示，西南航空套期保值收益占总收益比例在 2004—2007 年达 60% 以上。2005 年，套期保值收益占税后利润的 114.51%，没有套期保值利润，西南航空税后是亏损的。西南航空的燃油成本比例远低于同行业平均水平。有人甚至戏称西南航空是一家披着航空公司外衣的金融公司。①

① 范鹏，于杰：《持续盈利 45 年公司的秘密》，一财网，2019。

西南航空充分意识到了经济周期对企业产生的影响，所以利用金融产品去对冲这种风险。

现实中，企业经营不可避免地会受到三大周期的影响，因此对三大周期要有充分的了解。三个周期分别指：经济周期、行业周期、货币政策周期。

对于企业而言，繁荣的经济会掩盖企业不足的一面，只要市场是好的，企业就不必想方设法降低成本、用不着在产品质量上做过多投入。一旦经济处于下行时期，所有矛盾暴露无遗。管理粗放、产品同质化、人员能力不足等问题都会在疲软的市场中被放大凸显出来。

一个完整的经济周期由以下四个阶段组成：繁荣、衰退、萧条、复苏。“繁荣”就是经济扩张阶段，在爬坡上升，到达最高点。繁荣时期的表现是利率低档，通货膨胀率低，股市走高，汇率下跌。

到达顶峰以后，经济就会开始走下坡路，即“衰退”。衰退的表现是利率由低到高，通货膨胀率渐高，股市看跌，汇率升值。经济衰退严重的话就会进入到“萧条”时期，萧条时期的主要表现是利率高档，通货膨胀率高，股市下跌，汇率上升。这个阶段也被称为谷底，也是由衰转盛的起点。此后的阶段被称为“复苏”。复苏阶段的主要表现是利率由高到低，通货膨胀率渐低，股市看涨，汇率渐贬。复苏期跨过了平衡点以后，就进入新一轮的繁荣阶段。

对于这四个阶段，企业要注意的一点是：周期并不是定期发生的，在周期的过程中，经济的总量在跟随震荡。

货币周期是指一个货币发行额度保持不变的时间周期，由核心成员国根据世界经济的总量变化协商确定。在一个货币周期内，一般不允许对货币发行额度进行随意调整，特殊情况下可以例外。

经济周期和货币周期的联系非常紧密。在经济周期处于扩张阶段的时候，企业对于融资的需求会增加，[①]会增加库存以支持销售量的增加，因此需要更多的资金来满足资本性支出和投资需求。相应地，这就导致企业对于资金的需求上升，而如果资金的供给跟不上的话，就会抬升利率水平。

伴随经济周期，政府要有效地发展经济，提出相应的货币政策周期。中央银行会出台一系列的方针、政策和措施，从而实现对货币的控制和调节，保持货币的供应量和信用量。

行业周期是指每个行业都要经历一个由成长到衰退的发展演变过程。行业的生命周期一般可分为四个阶段，即初创期（也叫幼稚期）、成长期、成熟期和衰退期。绝大多数行业都有自己的行业周期。行业景气度呈现出周期性，表现在需求与价格的周期性波动，进而产生丛林法则、马太效应等现象。

比如，猪肉周期大约四年，其本质是供需关系。周期的循环轨迹一般是：肉价高—母猪存栏量大增—生猪供应增加—肉价下跌—大量淘汰母猪—生猪供应减少—肉价上涨。猪肉价格高刺激养殖户的积极性，扩大养殖规模以增加供应就自然出现。但供过于求的时候，肉价就会下降，养殖户又纷纷缩减养殖规模，供应减少，以此循环。

---

① 普拉纳·古普塔等：《多资产配置：投资实践进阶》，北京：机械工业出版社，2017。

每一个行业周期都是有需求的周期、价格的周期，行业或者产品生长的规律会直接影响企业的经营状况。

行业周期影响因素包括经济周期、货币周期、货币政策周期、社会发展、技术迭代、竞争态势变化、国际化进程、关联产业变化。行业周期会影响企业的市值，会直接影响到企业的安全性，市值低、股价低的时候很有可能被收购，企业经营就难以持续。

所以，企业要重视三个周期叠加的问题。

二、如何穿越三大周期的叠加挑战

从社会发展的趋势来说，随着社会经济水平的提升，人们消费能力的提高，生产成本的不断攀升，加上原材料、需求周期性的波动，一系列因素叠加在一起，就会使企业面临非常大的经营挑战。

持续增长不是一件容易的事，中小企业不能一到经济下行期就怨天尤人，必须意识到外部环境的周期性对企业经营的影响。订单数量暴增，材料价格不断上涨，销售量大，利润走低，陷入“剪刀”困境的制造企业如履薄冰。企业家要打通从宏观到中观再到微观的认知能力，使企业在三周期叠加的环境中持续增长，缔造组织力。

很多企业已经明显感受到了货币周期的影响。过去20多年，我国经历了至少四轮货币政策周期。①适度宽松、适度偏紧、稳健

① 任泽平，甘源：《回顾近20年四轮货币政策周期》，凤凰网，2018-09-12。

宽松、稳健偏紧、稳健中性……风格从大开大合转变为微调预调，中央银行货币政策逐步回归稳健，增加主动管理。

一类周期性明显的行业是消费周期性行业，包括房地产、银行、证券、保险、汽车、航空等。这些行业的终端客户大部分是个人消费者（银行客户还包括企业），虽然品牌忠诚度较低，但仍具有一定的品牌效应。需求虽然出现波动，但总体向上，而且市场前景巨大。除汽车、航空外都属于较轻资产型企业，行业景气度陷入低谷时，规模的弹性较大。

另一类周期性明显的行业是工业类周期性行业，包括有色金属、钢铁、化工、水泥、电力、煤炭、石油、工程机械、航运、装备制造等。这些行业与宏观经济相关度很高，随宏观经济复杂多变，基本不可预测。产品价格波动巨大、下跌迅猛，需求变化迅速且周期长，有时投资者根本没有反应的时间。

该类行业产品成本受原材料影响明显，基本上属于重资产型企业，投入产出周期长，行业景气度高峰期时大量的资本支出带来庞大的折旧和摊销，利润对产量的变化极为敏感，行业低谷时规模调整弹性小，影响盈利的不可测因素众多，盈利呈现高度的波动性，判断周期拐点的难度也较高。受政府价格管制的行业存在盈利意外下滑的可能性。

当然也有一些周期性不明显的行业，属于防御性行业，如食品行业和公用事业。与周期性明显的行业相对，这类行业需求相对稳定，不受经济周期性衰退阶段的影响，在经济衰退时，防御性产业或许会有实际增加。

经济周期、行业周期和货币政策周期三周期叠加会对企业经营提出很多挑战，包括对销售、现金流、成本、利润的影响，以及对准入门槛、人员稳定性的影响等。

我们提出一个观点：企业必须建立“总成本最低”的概念。

从大的宏观环境来看，企业经营不可避免地会受到三大周期的影响，这会对原材料成本、货币资金成本、消费者购买力产生周期性影响，企业必须做到环境周期内的总成本最低。

从企业内部来看，必须确保产品生命周期内总成本最低。其目的在于把该产品或项目整个寿命周期的预计总成本和预计总收入（或总效益）相比较，以衡量其经济效益的高低，从而做出最优决策。

理解产品生命周期成本，就容易建立总成本的概念，即任何事情都须以总成本最低、产出投入比最高作为决策标准，而不是只考虑一种或两种成本。

穿越经济周期对企业经营提出了更高的要求，企业家要用更加宏观的思维去判断周期对企业方方面面的影响，把握经济发展的规律，避开危机，或者转危为机。

第三节
追求 10% 以上利润率：持续降本增效

一、抗风险利器：持续降本增效

不论周期如何变化，企业都要追求 10% 以上的营业利润率，任何时候都要把“降低成本”放在重要的位置上。

河北燕山钢铁集团有限公司（以下简称燕山钢铁）就是一个很好的例子。燕山钢铁是一家民营企业，曾经是国内粗钢和钢坯产量最大的厂家。为什么在大环境普遍不好的时候，它还能维持盈利？原因在于燕山钢铁有非常强烈的危机意识，并且持续降低成本。我们曾为该企业开展了为期两年的“价值工程辅导项目”，取得过一年降本超千万元人民币的成效。

有一项“下限烧炉”的项目，一年节省燃料费超过 1000 多万元。这个项目主要针对锅炉的控温工作做改进：锅炉有个温度控制器，可设置最高温度和最低温度。当水温达到设定的最高温度时，锅炉会停止燃烧，当达到最低温度时，又会自动启动。这个温度数值的设置很有讲究，设定的下限温度过高，不仅燃料消耗多，水管也容易滋生水垢，影响设备使用寿命。设定的下限温度过低，会导致水温不够，影响生产。在这个项目过程中，我们通过精准的能耗计算，帮助燕山钢铁把锅炉的下限温度设定在合理的数值，既减少了启动的次数，降低了燃料的消耗，同时又保证了生产的正常推进。

另外一个针对汽轮机的降能耗项目也同样获得了有效改进：汽轮机的运转是蒸汽通过凝汽器输送提供动力。机器运转的时间长了以后，蒸汽流量会减少，后续的动力就降低了。问题出在哪里呢？经过调试和查漏，我们发现因为长时间使用及高温腐蚀，凝汽器内壁会有沉积物，也会漏气。单纯的反洗操作没有改善效果，如果更换设备成本巨大。我们提出把凝汽器循环水进口阀门关闭，把凝汽器偏盖打开，用高压水枪对管束进行逐个清洗，清洗完毕后把隔板偏盖用密封胶封好，封好后，打开循环水进出口阀门。经过对凝汽器管束内部全部清洗完毕后，对隔板密封进行封堵，蒸汽流量提升了 10% ～ 20%。之后我们还制订了一套对设备日常维护的固定流程，减少了问题的发生率，每年降成本超过 400 万元。

在我们辅导期间，燕山钢铁全面推行案例改善活动和降本项目，同时对中基层员工进行成本管理和综合管理培训，给生产一线和职能部门干部植入浪费识别和成本改善理念，通过一套“组合拳”将各部门的降本工作常态化。

二、精益实践：提升现场力

过去十几年，中国企业一直在向日本学精益生产，但是学得好的并不多，精髓在哪里呢？亚洲最大的日用玻璃瓶生产厂商广东华兴玻璃股份有限公司（以下简称华兴玻璃）的精益实践可能会给企业带来一些思考。在推行精益生产（华兴玻璃内部称之为“改善革新”）前，华兴玻璃只是一个3.6亿元销售额的小公司，整个行业都“小而散”，像华兴玻璃这样的企业在全国有一千多家。

行业“小而散”是一方面，另一方面，制造普普通通的酱油瓶，原本就没什么技术含量，属于典型的劳动密集型产业，华兴玻璃到底靠什么脱颖而出？

以董事会秘书罗金昆为代表的高管团队分析：这个行业除了靠品牌、靠质量以外，一定是靠规模、靠综合的配套能力才能胜出。如果华兴玻璃想成为全国龙头企业，就必须加快扩张步伐，在全国各地开厂，实施收购并购。

但前提是：企业自身要拥有一套很强的盈利模式，可复制但很难模仿。现实情况是：当时企业的管理水平，无论是作业流程还是管理体系都无法支撑其大规模扩张。与此同时，人才也是显著的瓶颈。如果盲目扩张，扩张就是成本，就意味着亏损。

后来，华兴玻璃决定导入精益生产，他们做的第一件事情就是邀请丰田的专家来中国指导精益变革。这位专家先后在索尼、丰田任过职。

日本专家来的第一件事就是下工厂。据华兴玻璃董事会秘书罗金昆回忆，当时专家对现场的环境、设备的摆放、使用情况，以及现场的操作人员进行了观察，尤其是看员工脸上的表情和操作的动作。

当时华兴玻璃的管理基础很差，到处都堆放着成品、半成品、合格与不合格材料，车间难以下脚。虽然华兴玻璃当时的效益在民营企业中算是不错，但是不可持续。看完工厂之后，日本专家说了一句令人印象深刻的话："中国民营企业到处都是金山"。

什么意思呢？指的就是中国企业到处都是浪费，随便找一个地方都能够找到改善的亮点，节约一大笔成本。

变革从工厂开始。一开始，日本专家并没有把过多的大道理讲给员工听，也没有使用太多的精益工具。很简单，就是扫地，从5S开始，然后一步一步地发现、解决问题。

刚开始，几乎就是搞卫生，该打扫的打扫，该清理的清理。原来在车间里摆放了很多大铁柜子，每个员工占一小格，用来放工具和私人物品。日本专家过来之后，指着柜子说，先把它"处理掉"。一来现场腾出地方，二来方便员工，只保留一套最完整、最好用、并且随时能拿到的工具。

专家除了引导，更多是激发员工的智慧。当时，华兴玻璃的所有高管每月都会用五天时间集中进行精益管理的推行，一般是半天时间培训，四天半的时间在现场看员工的改善情况，所有改善结果一律用大白纸进行发布。哪怕是一个刚进工厂不久的普通员工，只要发现了有价值的改善点，就可以面对所有人去讲这个问题是怎么发现的，改善的出发点是什么，改善之后给安全、质量、效率带来哪些价值。讲完之后，日本专家或者推进的专家就来点评，其他员工就在边上学习。

所有的问题都源自现场。罗金昆去日本很多工厂都考察过，大部分中国人都是在参观通道里走一圈，然后看科技馆模型，了解什么叫“看板”，什么叫“拉动生产”，以为这就是精益生产。其实，丰田真正的内容核心并不是降低成本、降低库存。

最核心的东西其实是每一个人在每个岗位上每一天都在做改善。不管是什么企业，如果在每个地方每个岗位，每个人每天想的事情都不停地改善，这个企业想不进步都难。

后来，华兴玻璃改善进入“深水期”，逐渐打开“看不见的现场”，通过现场拉动管理流程的改善。比如，以前生产现场发现不合格产品时会互相推诿，但是通过现场一个环节一个环节去追溯，就能找准问题的症结所在。

日用玻璃瓶是一个门槛非常低的行业，华兴玻璃所在的佛山地区有非常多的小厂，在这样的环境背景下，如果不通过持续降低成本，构建低成本优势，企业的生存就难以为继。从另一方面来看，通过持续降本增效来梳理管理流程，也能为后续的企业引入智能制造做铺垫，从而进一步通过智能化的布局开启大规模的降本增效，不断形成良性的循环。

第四节
同步推进价值工程与技术创新

一、价值工程：用更低的成本，达到相同的价值

价格竞争力的源泉就是不断优化经营模式，争取在全球的同行中做到最低的成本水平，这样就可以取得竞争的有利位置。因此，降成本是企业要练好的“平常功夫”。

日本企业对降成本的重视程度一向闻名全球。比如，日本企业对供应链的基本要求是供货价格每年都要降，按照情况不同，每年降幅在 3% 到 5% 之间，最后实现整体价格降 10%。

这个“降”是勤俭节约，是常态化地利用价值工程来降低成本，包括从源头做设计优化，从供应链的成本到制造过程的控制，做到全过程持续利用价值工程不断地降低成本。

如何实施这个策略呢？要通过价值工程。价值工程是一门学科，是企业推进价值能力的重要管理技术，它的目的有两项：第一是提高价值，第二是砍削成本。

价值工程并不是理论界学者提出来的，而是由美国通用电气

公司（以下简称通用电气）通过实践总结出来的。当时，美国工业生产所需的物资十分紧张。通用电气有一位采购主管叫麦尔斯，他的工作就是寻找和采购军工生产所需的短缺物资，却常常碰到许多难题。[①]

如何更好地解决短缺物资的供应呢？麦尔斯认为可以分析短缺物资的核心功能，想办法用其他相对不紧缺的材料、设备和人力来实现同样的功能。从此，他就开始从功能的角度来研究和解决材料的代用问题。

当时发生了一起“石棉事件”，通用电气的某油漆车间在油漆作业时需要用到石棉板，但是石棉紧缺，价格上涨了几倍。麦尔斯分析出石棉板起的作用主要有两个：一是防止把地板弄脏，二是出于防火的考虑。能否找到其他材料来实现这两个功能呢？他找到了一种不易燃的纸，价格便宜，供应充足，可以作为替代石棉板的材料。但是一开始，有关部门不允许使用，因为防火法令规定必须用石棉板。后来经过一番周折，修改了防火法，这项材料代用问题最终被解决。

麦尔斯的功能分析法让采购工作成效显著。后来，他总结出一套关于价值分析的工作方法和工作步骤，就是有名的“麦尔斯 13 条原则”，并于 1947 年正式发表，被称为价值分析（VA）。价值分析技术很快被其他企业和政府部门所采用。后来，美国海军船舶局应用了这一方法，并改称为价值工程（VE）。

---

① 《工业史话——价值工程的创始人麦尔斯如何创立这门学科的？》，载工业文化，2020-08-09。

价值工程以提高价值为目标，降低成本为手段，通过技术创新来寻求突破。它一方面提高价值，在市场端获取价格的提升与客户的认可；另一方面在内部压缩成本，提高利润。所以技术创新在价值工程中是一个非常重要的手段。

价值工程在 20 世纪 80 年代作为一个新学科被引入中国[①]，引起了较为广泛的关注，在纺织、机械、化工、轻工、交通、建筑和农业等领域得到快速推广。不少企业通过价值工程的应用，取得了较为显著的经济效益。

价值工程是从源头突破性降低成本的管理技术。产品的所有功能都应该与成本相联系，人们必须在真正需要的和不必要的功能之间做出明确的区分，以消除不必要的开支。

价值工程是以最低生命周期成本，实现所需功能而倾注于产品和服务功能研究的，基本原理是价值 V= 功能 F/ 成本 C。价值工程有以下四种实现途径。

（1）降低成本。

（2）增加功能。

（3）同时降低成本和增加功能。

（4）稍微提高成本，大幅度增加功能。

（5）稍微降低功能，大幅度降低成本。

其中的具体举措包括源头设计优化、制造过程控制、营销效率提升等。

① 李平：《新中国技术经济研究 70 年》，北京：中国社会科学出版社，2019。

二、扩大销量，是突破性降成本的关键

大量的中小企业对价值工程没有概念，就更不用说如何导入来帮助自己提升效率，价值工程是中国企业必须要关注的，同时还要知道压缩成本不但要利用价值工程，还要扩大销量。

没有量的上升，成本是分摊不下来的，扩大销量是突破性降低成本的关键条件。

【零牌观察】禧玛诺如何做到高低端市场通吃？

下面我们介绍一个企业，看看它是如何通过开源来形成规模优势，把成本降下来的。

在日本有一家企业叫禧玛诺集团（以下简称禧玛诺），它是日本专精特新企业和全球隐形冠军。禧玛诺创立于1921年，到2021年刚好100年，是一家做飞轮起家的企业。

日本过去也是自行车大国，禧玛诺最初生产的是当时在自行车零件中技术要求最高的单速飞轮，后来生产自行车整车。20世纪70年代，日本进入了汽车时代，自行车市场容量大幅度萎缩。

禧玛诺的出路在哪里？它有两条路，一是做高端的竞赛级自行车；二是扩大普通消费者的大众化市场，走出日本到海外。

可以看到，它面临两个不同的战略选择。高端市场利润高，但是市场容量有限，规模不大；大众市场空间大，但是利润不高。如何抉择？禧玛诺经过战略研讨，决定同时进军两个市场，但是会当成两个完全独立的产品线来做。这样一来，生产线就需要双重的成本投入。那如何把两个产品线打通呢？最终禧玛诺找到了

最佳战略路径，就是放弃自行车整车，专门为各类自行车企业提供整套零部件，并致力于成为全球自行车行业的“英特尔”。

明确战略方向后，禧玛诺如何打开市场呢？它采用的策略是首先进入高端市场，使用的方法是赞助欧洲自行车比赛，尤其是赞助那些最有机会成为未来冠军的优秀选手，包括给选手私人定制自行车。禧玛诺根据选手的体型特征、使用习惯来定制比赛用的自行车，整套使用的都是禧玛诺的零部件。当禧玛诺赞助的自行车选手成为欧洲冠军、世界冠军后，选手所使用的自行车自然也受到关注。禧玛诺在这个过程中获得了极好的曝光机会，从而树立起品牌。

禧玛诺借助在专业竞赛自行车领域形成的知名度，打开最终形成品牌效益的营销策略和过程。

高端市场方面，禧玛诺与世界顶级的自行车品牌建立战略合作，比如欧洲的梅花牌、德罗莎等，为整车制造商提供零部件甚至技术解决方案。禧玛诺因为在给专业选手设计产品的过程中大大提升了自身的产品技术能力，所以能与世界顶级品牌站在同一个高度对话，从而快速打入竞赛级自行车市场。

在大众化的自行车市场，禧玛诺同样借助在专业领域形成品牌影响力去打开市场，它把目标瞄准发展中国家，例如市场空间巨大的中国和东南亚市场。禧玛诺同样是和当地的自行车整车制造商合作，为它们提供零部件。整车制造商使用了禧玛诺的某个零部件后，产品的感知价值会得到明显的提升。一辆原来标价几百元的自行车，使用了禧玛诺某个型号的变速器后，消费者则愿意花上千块钱去购买。因为禧玛诺已经在世界级的自行车赛事中树立了品牌形象，人们把它视为冠军级产品，这就是它所积累的品牌资产。

禧玛诺用这样的策略打通了不同层级的市场，不仅平稳度过了20世纪70年代日本自行车市场萎缩的危机，还开辟了新的增量市场，形成了全球战略布局，最终成为自行车产业的隐形冠军。

禧玛诺在发展过程中始终贯穿“三个注重”：一，注重发展高技术和高品质的产品。1956年，公司开始生产外部变速器，即最早的禧玛诺拨链器。第二年开始生产内装变速器。1960年着手开发冷锻技术。二，放开眼界，注重世界范围的市场，禧玛诺公司目前的出口销售额占总销售额的80%。三，从开始就注重发展自我品牌，用自我品牌进行生产销售。

禧玛诺的技术策略是全球分工，营销中心放在新加坡，技术研发中心放在日本大阪。为什么营销中心放在新加坡呢？众所周知，新加坡有得天独厚的地理位置优势，有利于禧玛诺把欧洲和亚洲的市场连接起来，构建起完整的运营体系，打造成一个国际化的企业。禧玛诺的年营收规模是300多亿日元，相当于约20亿元人民币，虽然与千亿、万亿级的跨国集团相比，规模还不算太大，但是目前禧玛诺的生产及销售据点已遍布全球，成为一家以专业制造和销售自行车零件、渔具、滑雪板和高尔夫用品的跨国集团公司。

禧玛诺通过开源来形成规模优势，把成本降低，在全球布局各个业务板块，形成了一个很好的整体优势。

第五节
技术突破：从设计源头砍削成本

持续降低成本，构建成本优势，一定要重视技术突破。前面提到了成本的源头在于设计端，包括产品的结构、材料的方案、零件的设计、产品的包装，以及对应的材料用量、材料价格、材料利用率和材料工时效率，另外还涉及产品的包装和物流成本，这些方面其实都是由源头设计工作来决定的。

一、目标成本管理：降成本的源头在设计

企业在设计源头减少成本就要做目标成本，在新产品推出的时候要根据市场来定价：什么样的定价能够形成好的销量，对应的销量可以达到多少。基于这样的预测，按照合理的利润目标，就可以做成本计划，明确成本要控制在多少金额以内。为了落实成本计划，要对材料费、人工费、辅助材料费、水电气能源消耗等进行统计计算，用逆算的方法倒推制定各类目标成本，这就是目标成本管理。

许多公司所采用的传统利润规划方法是“成本加成法”。这种

方法通常先估计成本，之后在成本上加上一定的利润率来得到产品价格。如果市场不能接受这一价格，公司便会试图进行成本削减。而目标成本管理则从市场价格出发，结合目标利润率为某特定产品确定可接受的最高成本，之后的产品与流程设计都是为了保证成本控制在可接受范围之内。

目标成本管理和传统的利润与成本规划方法之间的差异，体现了它们理论基础的不同。这些理论基础都源自系统理论，而系统理论正是许多现代管理与控制观点产生的根源。传统的成本加成法代表了“封闭系统”方法，这种方法忽视了组织与其所处环境之间的相互作用，较少地考虑影响系统运作的因素。而目标成本管理则体现了“开放系统”方法，这种方法强调组织适应环境的重要性，更多地考虑影响系统运作的互动关系，在实际结果发生之前便采取预防措施，并且随着时间的推移不断提高标准。

目标成本管理被称为“企业守住利润的利器”，20 世纪 80 年代就导入中国，先是机械工业企业扩展了目标成本管理的内涵与外延，实行全过程的目标成本管理。到了 90 年代，形成了以“邯钢经验”为代表的具有中国特色的目标成本管理。

然而，仅仅有目标成本还不够，企业要以具体的降成本项目作为抓手，通过新技术、新材料的应用，软件替代硬件，以及新工艺的导入和新装备的应用来突破性地降低成本。只有这样才能真正做到所谓的砍削成本，做到每年可以大幅度地降低成本。

《孙子兵法》有云：“求其上，得其中；求其中，得其下；求其下，必败。”意思是做事情要有个高的标准，才能得到好的结果，如果期望值本来就定得低，最后的结果只会更低。如果不敢提出挑战性的目标，那么成本就会随着要素的上涨而上涨，竞争力就会逐步丧失。就像温水煮青蛙，企业有可能就会进入到负面的衰退。

【零牌观察】小企业如何降低研发成本?

卡本科技集团股份有限公司（以下简称卡本）是天津市“专精特新”中小企业。

2016年，卡本推出了一款重磅产品——路面防滑涂层。但是，接收回来的市场反馈很让卡本创始人丁忠文受伤。客户说：“我买别人家的产品是X元，这个价你能不能卖?”销售员回来一测算，连成本都覆盖不了。

丁忠文以前认为，只要技术好、质量好，产品肯定不愁卖。但现在意识到产品质量再好，客户也是要比价的。为什么自己研发、生产、制造出来的产品比别人的售价高?

原来卡本没有足够关注成本。

后来，卡本在研发设计上苦下功夫：同样性能的产品，使用不同的原材料和工艺，就能起到降成本的效果。在这个思路的指导下，某位研发工程师花了三个月，把一款销售价格在2000万元人民币左右的产品重新优化了一遍，降低采购价格偏高的原材料用量，用其他和原配方产品性能一致的材料来替代。结果，该产品的成本下降了200万元，占比达10%。可想而知，整个公司降成本的空间有多大。

卡本通过进一步研究发现，要把研发的成本真正降下来，最终还是要依靠和市场的结合。丁忠文说：“中小企业有几个实力雄厚的？所以，研发必须自己造血，要让研发本身有成果。小企业做研发必须跟市场结合。”中小企业更应该关注市场，直击问题的本质，这才是研发的源动力。

后来，卡本做了很多让销售和技术人员之间可以打通的措施，例如把一部分技术人员直接转到销售岗，或者招聘有专业背景的销售人员，让研发人员参与市场活动、业务活动，帮助客户解决问题，通过做售后服务和技术交流活动来加深对市场的了解。

中小企业如何降低研发成本？丁忠文总结道：中小企业搞研发，首先必须要有市场意识，只有贴近客户和现实问题，才会产生经济回报。其次，通过管理改善、降低成本去提升研发的投入产出比。最后，向政府申请科研项目及评定奖励，不仅可以自我造血，还能为企业带来品牌效应。

二、用软件替代硬件，GE 医疗赢得中国农村市场的关键

通过设计源头来砍削成本，美国的 GE 医疗集团（以下简称 GE 医疗）提供了很成功的案例。20 世纪 90 年代末，GE 医疗已经做到了 49 亿美元的营收，在美国或欧洲已经很难寻找到新的增量突破，他们把目标瞄准了发展中国家，中国成为打开市场的首选。

中国有强有力的政府主导，当时正在推行“医疗改革”，有“农村改革决定”“四万亿经济刺激方案”等利好政策，都在直接拉动市场需求，GE 医疗直接把目标对准了中国的农村市场。

开拓农村市场，和 GE 医疗一直以来主打的市场截然不同，县

城的医院和农村的卫生院对价格的敏感度高，按照以往的产品价格肯定卖不动。怎么办呢？首要目的是解决成本问题，只有成本降下来，价格才可以降下来。

GE 医疗采用的目标成本策略是用软件替代硬件功能，大量削减硬件使用，[①]同时缩小产品体积，以节省原材料成本。举例来说，在保证使用效果的前提下，GE 医疗在设备的外观设计上下功夫，比如 10 寸的缩减到 5 寸，减少不必要的键盘、支架等，缩小体积。

简而言之，GE 医疗通过产品设计创新来彻底改变产品结构，然后通过大批量生产来降低成本。比如一款手提式患者监护仪，14 寸彩色屏幕，很轻便，只有六七个操作按钮，界面更直观，容易操作。这款产品的售价一般在几万元人民币，大概为传统同类产品售价的六七成。

虽然价格低，但这些农村医疗设备基本具备高端产品 70% 的功能，移植了 GE 医疗全球最先进的技术，有着自身的国际品牌美誉，产品的受欢迎程度自然比其他厂商的高。同时，因为产品操作界面更简洁，教会使用者如何操作的难度降低，也降低了培训成本。

高技术，低价格，快速普及，听起来难度很大，而 GE 医疗依靠强大的技术团队支持来实现，设在无锡的研发中心有 100 多位工程师专门为中国农村市场开发产品，可随时获得 GE 医疗全球的资源，以及其他 3000 多名工程师的技术支持。

---

① 陈振烨:《GE 医疗转战农村》，载《经理人》，2009（01）。

过去人们会觉得软件替代硬件是很难的，但是今天已经成为现实。比如说，现在的智能手机集合了以往多个设备的功能，如照相功能、计算功能、录音功能等。现在的普通照相机市场萎缩，因为手机附带的照相功能足够强大。手机的照相机就是镜头硬件加上软件集成在一起提供服务，硬件成本通过减少材料的使用得到了大幅度的降低。

这里面的规律是什么呢？

硬件成本是变动成本，成本会随着使用量的增加而增加。而软件开发是固定成本，使用量越大，分摊的单位产品的人工成本就越低，把变动成本转化成固定成本，通过增量来分摊成本，降低成本，这就是 GE 医疗的降成本之道。

通过这个案例可以看到，硬件为主的企业必须提高软件能力，提高信息化能力，否则硬件降成本能力是有限的。

第六节
以项目为抓手：全过程极限化降成本

创造全球行业总成本最低的优势来穿越三个周期的叠加，企业需要项目抓手，全过程极限化降成本就是要持续地推进降成本的项目。

一、全员降成本：让员工共享降成本收益

根据美国企业和日本企业几十年的成功经验，他们基本上是以半年为周期，一年做两批降成本项目。半年降成本的成效，可以为下一个半年的项目开展提供指导，做好预期，才能更好地保持利润空间。

一个降成本项目，无论是降成本还是提高质量，基本上半年就会有一个很好的效果。有些项目叫“快赢机会”，一两个月就可以出效果；有些项目涉及多方多面，需要一个周期，但是不能超过半年。所以上半年的降成本项目是保证 7 月份的成本降下来，下半年的降成本项目，是保证来年 1 月份的成本降下来。到了来年 1 月份，价格会降到一个新低位，这样的话，就滚动起来了。

企业是面向未来而开展今天的经营活动。半年是一个提前期，而且降成本项目不是单一的，它分三个层次：公司级降成本项目、部门级降成本项目和班组级降成本项目。每一个项目都要追求硬性回报，让全员在付出的同时，也享受到降成本带来的收益。

比如，项目实施之前，可以预测单位产品现金成本的降幅目标和销售目标，如果达到目标，领导者要从降低的成本总额里拿出一部分奖励团队。例如，节约成本 500 万元，就拿出 10%，也就是 50 万元来奖励团队，还可以是一半现金一半学习机会。通过有效的激励措施，可以提高全员共创共享的降成本积极性。

如何推进降成本活动呢？我们根据 20 年企业咨询的经验，开发了一个模型。按照这个模型，企业首先要做每个月的单位成本分析和管理，其次预计未来的市场价格趋势，制定出不同产品的单位利润目标，最后确定每一类产品的目标成本控制范围。

目标成本和现有单位成本之间的金额差距，就是单位产品降成本的目标。一台设备要降低多少成本，乘以未来半年或一年的预计销量，就可以得出一个总额。所有产品降成本的总额加起来就是半年或一年要降低成本的总目标金额。

松下万宝美健生活电器（广州）有限公司曾经提出一年降 2.9 亿元的直接材料成本，当时企业的整体销售收入是几十亿元。为了实现这个目标，企业要利用价值工程挖掘降成本的空间，特别是利用 TDA 技术，我们叫比较对照法。

TDA 技术是价值工程当中非常有力的抓手，其目的是找到竞争对手做得好的地方，并且为己所用，主要体现为对竞争对手的产品进行解剖、比较、对照，通过比较被分解的装置、零部件或者数据，从而找出企业应该推行的降成本项目。

这些降成本项目一般以半年为周期见效，降本成果在采购、外协、物料清单、物料配送、目标管理中体现。要让降成本项目有效推进，就要策划全员参与降成本活动。为了让大家在活动当中有积极性，就要设计降成本的激励政策，让员工共创共享，不但获得经济上的回报，还要获得精神上的回报，这就是利用价值工程 TED 技术推进降成本具体的方法。

二、中集集团全球总成本最低的秘诀

在全球总成本最低的成功案例里，中集集团是一个标杆，它连续 10 多年在全球集装箱业务量方面处于领先地位。中集集团的诀窍就是持续保持全球行业最低成本的经营能力。

很多企业把生产基地迁移到了中国、越南这样的低成本国家，但仅靠这样是不能实现最低成本的。2002 年，中集集团内部就曾提出“追求全世界同行业最低成本”的概念。当时，韩国企业在集装箱领域拥有最大的市场份额，但成本并没有做到全世界同行业最低。而为了实现这一目的，中集集团从三方面着手。

首先，建立了全球采购系统。对主要供应商进行“货比三家”，统一采购大宗原材料。

其次，在销售环节上建立全球销售服务网络，在机构设置上采用单点辐射服务。同时，沿海生产布局战略，实现就近交货，降低交箱运输成本。

最后，在生产环节上，在鼓励员工不断改善的同时建立成本信息系统，让每个工厂的管理者都能清楚地了解到所有的成本信息。在此基础上采用“内部标杆管理法”，将集团内部多个工厂的同类成本数据放在一起，找到成本最优。①

零牌顾问曾在2004—2008年担任中集集团的制造战略顾问。中集集团在全国有十几个集装箱工厂，它要求每家工厂每个月把集装箱的各项成本都整理出一份数据表，相互之间做横向对比，从而看出哪家工厂的油漆成本最低，哪家工厂的钢材成本最低，如此类推。

接下来，中集集团把各项成本分门别类地一项一项打通，然后进行排名，选出总成本最低和单项成本最低的冠军、亚军、季军，直到最后一名。

排行榜出来以后，冠军分享成功之道，最后一名就要表态下个月要做哪些改进措施。一个月以后，排名靠后的要汇报改进的成效。中集集团利用降成本作战的内部标杆管理法，形成你追我赶的局面。

内部标杆管理的背后建立了相应的奖惩机制和问责机制。做得好的标杆工厂会获得奖励，要向大家分享成功经验，有进步的工厂分享有效的改善措施，表现落后的工厂就要接受问责。中集集团通过这个方法成就了集装箱总成本最低的模式。

① 李治国：《追求全世界同行业最低成本》，载《经营管理》，2002（21）：34–35。

后来，中集集团开拓特种车辆领域，要把特种车辆做成世界第一。在这个过程当中，中集集团把集装箱的降本作战方法推广到特种车辆产业，特种车辆业务快速在行业内占据了领先地位。中集集团凭借全球战略布局优势，也成为全球特种车辆行业的世界级企业。

这也是中集集团应对经济周期的重要例子，现在中集集团也面临着巨大的机遇和挑战，集装箱业务增长，价格大涨，销量大增，他们还要持续推进降成本。因为一旦美国和欧洲的集装箱开始回流到中国的时候，中集集团的销量就会受到影响，价格也会降下来，那个时候能不能持续保证利润，就是企业的弹性问题了。

结语

在动荡的环境中，保持“低成本”是一种必不可少的能力。无论外界的环境如何变化，企业必须持续降成本，追求“总成本最低”，才能在低迷的环境中持续盈利，否则企业的发展很容易被市场环境所左右，导致企业家陷入怨天尤人的地步。

第五章

技术为王

专精特新企业的多基因构建

5

日本社会崇尚“拜技主义”，不少中小企业在创立之初，都立志要有“一技之长”。很多只有几十、上百名员工的中小企业，居然在为全球知名企业提供高技术含量、高质量的零部件和原材料，造就了众多的日本“隐形冠军”。

为什么这些小企业可以取得连那些大企业都难以取得的成就呢？因为他们把那些独门绝技“发扬光大”，不断探索如何结合客户的需求，形成差异化的解决方案，然后内化为技术基因，在技术基因之上再升华为创新基因，最终深深根植于企业文化之中，从而形成了持续发展的能力。

第一节
技术硬核：专精特新企业的生命

拥有独门绝技，正是专精特新和隐形冠军企业的内核和立身之本，是企业先天自带的基因。国家工信部发布了创新型中小企业——专精特新中小企业——专精特新“小巨人”企业梯度培育体系，其目的就是培养一批掌握独门绝技的“单打冠军”或者“配套专家”。

有技术基因的企业往往会源源不断地攻克一个又一个技术难题。

一、多氟多：在元素周期表中寻找技术基因

在“百年煤城”河南焦作，有一家全球隐形冠军企业——多氟多，它的主要产品是“六氟磷酸锂”，这是生产锂电池的重要原料。

根据 2020 年的半年年报数据显示，多氟多半年的销售收入是 29 亿元，同比增长 67%，净利润 3.08 亿元，同比增长 18 倍。从 2016 年开始，从 28.6 亿元、37 亿元、39 亿元、38 亿元，到 42 亿元，目前，正在迈向百亿营收的目标。这样的成绩主要得益于多氟

多不断塑造自身独特的技术基因，并且进行多产业布局。

创始人李世江在49岁时临危受命，开始了创业之路。这家企业早期主要做的是解决磷肥三废污染的问题，在这个过程中他们发现从污染废弃物当中可以提取氟。

李世江从这个发现中看到了重大的机遇。早在创业之前，他曾被借调到规划司工作，期间参与了制定中国无机氟发展规划的工作，深知氟对中国工业发展的重要性，以及当时国内的技术落后现状。

吃透氟元素，研发氟产品，就能闯出一条发展之路。很快，多氟多开发出第一代产品“无水氟化铝”。该技术被原国家计委评为“国家高技术产业化示范工程”，是一项里程碑式的技术创新。由于开辟了新的氟资源来源，多氟多每年可为国家节省优质萤石3万吨。

但李世江不满足于此，他有更高的目标——攻克六氟磷酸锂的制造技术。多年前，六氟磷酸锂完全要靠从日本进口，不仅价格昂贵，关键是其供应受制于人。

2006年，李世江专门到日本向专家请教，对方却“打太极”，在工厂外等待多日之后，李世江的诚意换来的仍然是“闭门羹”，日本专家给予回复：“这个产品是长期科技积累的结果，你们干不了，中国不具备条件。”①

李世江感觉被狠狠地扇了一个耳光，回国后，他立刻组建研发团队，对六氟磷酸锂进行自主研发。经历上千次的实验，李世江先

① 吕高排：《李世江和他的“中国芯”》，载《中国退役军人》，2020-03-24。

后带领技术攻关团队突破了原料提纯、机械密封、低温、强腐蚀、无水无尘等苛刻条件的一道道难关，突破了六氟磷酸锂的技术瓶颈，最终实现了从产品工艺到设备的全面“自造”。

从开始攻关到正式量产，再到把日本产品挤出中国市场，最后返销给日本企业，多氟多用了 8 年。

这不仅打破了技术垄断，还让全球“六氟磷酸锂”的价格下降了近 10%。即使这样的价格，多氟多还能实现 30% 的毛利率。

2019 年，多氟多的“六氟磷酸锂”年产量已经达到了 9000 吨，国内市场占有率达 35%，全球市场占有率达 20%，产销量居全球第一。在全球每四块锂电池中，就有一块是用多氟多六氟磷酸锂所生产的。

在这个过程中，多氟多不仅对氟了如指掌，还完全吃透了元素周期表上的第 3 个元素——锂。多氟多通过对氟、锂两个元素及其相互作用的探讨，建立动力锂电池的研究开发体系，打造锂电池及原材料的产业链，为电动汽车动力电气化提供全面解决方案，这两大元素构成了企业的技术基因。

之后，李世江又瞄准了元素周期表上的第 1 个元素——氢。他要带领多氟多攻克又一个关键领域的“卡脖子”技术工程——电子级氢氟酸的生产制造。电子级氢氟酸是半导体的关键性基础化工材料之一，按照纯度不同分为不同级别，纯度越高，技术难度越大。

多氟多不仅成功掌握了电子级氢氟酸制造技术，还实现了规模化生产，而且做的是最高纯度级别的产品，这项技术在世界上也只有为数不多的企业能掌握。

多氟多的超净高纯电子级氢氟酸一投入市场，就填补了我国的技术空白，推动我国高端半导体产业迈上了一个新台阶，多氟多也成为这一领域的国家标准制定者。

多氟多多年的发展历程一直围绕着元素周期表来做文章。

董事长李世江在参加“世界先进制造业大会”时发表演讲，他提出：聚焦新能源、新材料产业，以氟元素为基础，全面扩展和深度融合锂、硅、氢、钠、磷等元素，大力发展以六氟磷酸锂、电子级氢氟酸等为代表的“卡脖子”技术产品，推进新能源事业和半导体产业链的延链、补链、强链。

随着一个又一个“卡脖子”技术的突破，多氟多积累了非常独特的技术优势，从而形成了持续的技术创新能力。

二、用独门绝技解决客户的“不”

专精特新企业会在某一个领域形成技术开发的深度，从而不断巩固自己的技术内核，再通过新的应用领域来拉动技术的再次升级。企业立足某个产业、地域或行业中的细分领域，从核心技术出发进行关联思考，用行业整体解决方案和差异化的解决方案消除客户痛点。

融入产业使用场景是众多企业必须考虑的一个具体的路径。通过在行业产业当中寻找到专精特新的机会，开发出专精特新的产品，形成自己独特的专精特新技术和知识产权。这样形成的独特技术基因又可以在新的市场领域、新的产业、新的行业、新的细分领域、新的应用场景当中发现新的应用机会。这样的技术内核就是人们口中的“黑科技”，用科技来驱动发展，技术内核会越来越饱满，形成独特的技术优势，创新的源泉就会源源不绝。

客户的需求和痛点往往来自他们不舒服、不方便、不愉快的地方，企业通过不断解决客户的“不”，来找到独特技术的应用方向。

【零牌观察】锦湖日丽：用技术重新翻译需求

上海锦湖日丽是国内公认的改性塑料PC/ABS、ABS品类的引领者与行业隐形冠军。改性塑料，是指在通用塑料和工程塑料的基础上经过填充、共混、增强等方法加工改性，提高了阻燃性、强度、抗冲击性、韧性等方面性能的塑料制品。①

作为上游原料供应商，锦湖日丽没有把业务结构只局限于采购方的需求，而是向有定价主动权的一方进行倾斜，且不断开创有定价主动权的新业务。

空调行业常用的一种静音材料，就是锦湖日丽主动向解决客户的“不”发起挑战的成果。

锦湖日丽的业务人员有一次去拜访客户，该客户是空调厂家，正在被一个问题所困扰：一款新上市的空调被消费者投诉夜晚发出“嘎嘎”的响声，影响人的正常睡眠，目前正在苦苦寻觅解决方案。客户原本的解决方案是在接触面贴一层绒布，抹上润滑油。但这需要人工一个一个去贴，效率低，且容易出错。

① 谢丹丹：《从跟随到引领，这家隐形冠军如何通过B2B定位，破解同质化竞争迷局？》，载“隐形冠军国际智库”，2020-11-15。

锦湖日丽的业务人员回公司后找到研发人员探讨这个问题。理论上来说通过提升塑料阻尼性能，噪音是可以消除的。后来，凭借对改性塑料特性的钻研深度，锦湖日丽把客户的这个需求重新“翻译”了一下，对接到自身的产品和技术，设计研发了一款新的材料来解决这个问题。

最后，经过反复的计算、测试，锦湖日丽静音材料终于达到了客户的要求。最初，这款产品只运用在格力、奥克斯等空调品牌上。而现在，这款静音材料已经基本上成了空调行业的标配。

第二节
从单一技术到技术矩阵

当企业在某一个领域深入研究，长期坚持下来，这个领域的技术就会成为企业的独门绝技。独门绝技在市场需求的拉动下会深化、迭代、拓展。企业到了一定阶段，不是靠单一的技术来实现持续发展，而是需要两项、三项，甚至更多的技术来匹配。

我们在第二章里提到了生态级产品，如果站在产业的高度来看的话，企业不仅为客户提供整套解决方案，还包括硬件、软件、系统、配套服务，所以这些都促使企业把单一技术延伸为技术矩阵。

一、日普拉，为大型海洋馆提供水槽面板解决方案

全亚洲乃至全球最大的海洋馆是位于珠海横琴的长隆海洋王国，它拥有全世界最大的观赏水槽，宽 65 米、长 39.6 米、高 8.3 米、厚 0.65 米。

要做出如此超大规模的水槽面板，技术要求是非常高的。面板的厚度必须要足以承载几千万吨的水压。市面上通常使用的亚克

力材料，有机玻璃的一种。去哪找 0.65 米厚的玻璃？单块的玻璃厚度只有几毫米。如果要达到 0.65 米，就需要上百块玻璃拼合在一起。

黏合就是最大的技术难题。一般的黏合剂透视光的折射率和亚克力不一样，每叠加一层，透明度就降低一次，多层叠加以后，视觉观感就会很不好，以往大部分的水槽都是设计有很多梁柱，中间再嵌入亚克力作为观赏窗口。但梁柱的存在会大大影响视觉感受。

突破黏合剂的光学性能是一个关键。

目前，全球这方面的技术最强者是日本的日普拉（NIPPURA）公司。它创立于 1969 年，目前全公司员工仅 44 人，但客户分布在全球 65 个国家。几乎所有知名的海洋馆的大型水槽都是由日普拉公司生产并安装的，它在这个细分领域的全球市场占有率达到 70%。它的独门绝技就是，无论多少层面板粘在一起，视觉都不受影响。

日普拉公司的创始人名叫敷山哲洋，化学专业毕业，后来一直从事与亚克力有关的工作。日普拉公司一开始是做亚克力灯具的，后来因为种种原因，敷山哲洋决定削减业务，专攻大型亚克力板业务。

如何解决黏合剂的透光率问题呢？

敷山哲洋的想法是，把接近亚力克性质的材料用作黏合剂就可以了。敷山哲洋曾经开发过以液体亚克力为主要成分的黏合剂，能够与亚克力板融为一体。[①]

---

①〔日〕根岸康雄：《精益制造 028：工匠精神》，北京：东方出版社，2015。

但找到符合性能的黏合剂只是解决了问题的一半。黏合过程的技术控制是另一个大挑战，温度和速度控制稍有差池，亚克力板就会裂开、报废，损失的金额不是小数目，往往上百万日元，相当于几万元人民币。

“唔，今天一辆皇冠汽车又没了……”这是发展初期，敷山哲洋挂在嘴边的一句话。

这个过程有多难呢？黏合大尺板与大尺板的层压工序需要在板与板之间留出 3 毫米的空隙，并将黏合剂灌入空隙当中。由于黏合剂凝固后物质的量会减少，所以需要随着黏合剂的硬化程度逐渐为板施压，缩小空隙距离。

为了使黏合更加完美，过程中需要对亚克力板整体加热，之后逐渐冷却，这个过程当中一定不能进入尘土或出现气泡，技术要求高，而且非常耗时，冷却可能就要等待 1 个月，期间要一直监控数据变化。

所有这些技术要领，日普拉公司是通过多年的实操积累总结出来的经验。其他企业要学也难以学到要领。除了生产制作，大型亚克力面板的运输和安装也同样有非常高的技术要求，日普拉也是全程负责，从不把工作外包。

企业长期专注于某个领域的技术，这个领域的技术就会构成企业的基因。多氟多从氟到锂，再到氢的基因，不断深入、扩大、覆盖。日普拉从黏合剂的研发，到黏合技术，到安装技术，都成为企业独特的技术基因。

二、技术的拓展，是伴随做大的雄心

技术矩阵是伴随着企业不断谋求增长的雄心而出现的。企业首先得有一颗求大求强的心。多氟多董事长李世江曾说：大不一定强，不大一定不强。

所以，企业需要不断突破自己既定的边界。而企业突破边界需要与之匹配的能力基础。

这里举一个案例，大家都知道日本有个雅马哈公司。有一个段子是：开着雅马哈，弹着雅马哈，坐着雅马哈，玩着雅马哈，听着雅马哈，住着雅马哈。对！雅马哈就是这样一个完全无边界的公司，网球拍、钢琴、家具、游泳池、摩托车……它甚至还开过度假村。最难得的是，有不少产品的市场占有率都在全球数一数二。

看似多元化，实际上都是基于核心技术的深挖。例如，钢琴、家具和木制房子需要的是木工技能，螺旋桨和摩托车的核心技术是发动机，游艇和浴缸是基于对玻璃钢技术的掌握。有人说，雅马哈公司所有产品的灵魂来自雅马哈公司的技术标准，这正是雅马哈公司多元化战略能够持续发展的关键。

第三节
从技术基因到产品基因

技术基因发展到技术矩阵以后，又会转化成从技术基因到产品基因的进化，这是发展的必由之路。产品是呈现技术价值的载体，没有和市场接轨的产品，技术就无法走向可经营和商业化的应用。

一、找到最佳应用场景

在腾讯全球数字生态大会上，著名经济学者薛兆丰发表演讲，他认为：从技术到商业的转化是慢的。[①]技术是遍地开花的，也可能在意想不到的环节里面有很好的应用；不能就技术看技术，还要看人性、政策、道德伦理的约束。

但同时，技术到商业的变化、转化又是非常快的，所以要时刻保持危机意识。

① 孟梅等：《薛兆丰：真正带来革命的技术实际上都是魔术》，载《封面新闻》，2019-05-21。

2021年，在航空业有一件大事。全世界都爱坐的巨无霸A380客机，包含了超过380项技术专利的杰出工程将在2021年年底停产。之所以被“抛弃”，除了造价昂贵等原因之外，最重要的是市场需求的变化。随着新型飞机的效率越来越高，航空公司更倾向于提供“点对点”服务和“中心加辐射”的运营模式，[①]500多个座位的巨型容量不再适应这个时代的发展。

如果失去了应用场景，技术的价值将荡然无存。

前面提到的全球轴承领域第一大品牌斯凯孚，1907年在瑞典哥德堡成立时，创始人温奎斯特在轴承领域的独特技术创举奠定了企业的技术基因。他从轴承技术出发，开发出一系列的轴承家族产品，包括滚动轴承、超精密轴承、回转支承轴承等。

只要说到轴承，就是斯凯孚的强项，无论是宏观的全新领域，包括超大型轴承甚至航天工程的轴承，还是非常微观的应用领域，例如小到纳米级的轴承，甚至已经到了很多“无人区”，斯凯孚都可以为客户提供具有竞争力的优势产品。斯凯孚把自己定位为全球领先的技术供应商，拥有不断研发新技术的强大实力。

但如今的斯凯孚已经不仅仅提供与旋转轴相关的产品或者整体解决方案，还覆盖轴承、密封、润滑管理、人工智能和状态监测等各方面。它服务于汽车、铁路、航空、新能源、重工、机床、物流、医疗等40余个行业，现正加速在业务和服务数字化、工业物联网及人工智能领域的转型，演化为一家知识、技术和数据共同驱动的企业。

---

① 曲亭亦:《空客A380将于2021年底停产 巨无霸曾轰动一时》，载《新京报》，2019-02-14。

斯凯孚从技术供应商到产品供应商，再发展到服务商，乃至多行业的解决方案提供商，都是基于它的技术基因和产品基因，从而能够快速地成长。凭借基因优势，它能跑在行业领域的前面，企业要重视由技术基因到产品基因所在的特定领域。

二、另辟蹊径，新疆棉花田的无人机

提起无人机，大家都知道大疆品牌。但是下面这家同样做无人机的公司，却避开了和行业巨头的竞争，找到了自己的生存机会。创立于 2007 年的极飞科技本来是一家做航拍无人机的公司。但 2013 年大疆推出了最新款的航拍无人机后，极飞科技的市场份额迅速被巨头蚕食。

有意思的是，极飞科技在寻找转型机会的过程中发现不少客户来自新疆。于是，他们跑到新疆去做实地考察，发现很多无人机被当地人改装之后，用来给棉花田喷洒农药。

后来，极飞科技迅速地在新疆库尔勒建立了一个研发基地，正式转型成为一家农业无人机公司。

一亩棉花田一年收入 1800 元，1600 元是成本，而其中大部分是人力成本。一株棉花上上下下有几十个棉桃，棉桃成熟之后就是棉花。但是棉桃成熟的时间不同步，所以之前棉花的采摘主要靠人工。一群人背着袋子进入棉田，今天采下刚刚成熟的一拨，过几天再去采新成熟的一拨。

如果用联合收割机一次性地收棉花，就会出现良莠不齐的情况，最后在市场上卖不出好价钱。

极飞科技如何解决这个问题呢?

他们在棉花第一拨成熟之前，就派出无人机往棉田中喷洒落叶剂，目的就是催熟，所有的棉花就会在同一时间吐絮。这样，棉农就可以用采棉机对棉花进行统一收割。

除了采摘棉花，还有喷洒农药也是降成本的一个重要环节。棉花从 5 月份播种，到 9 月底收获，这个过程中至少要打七八次农药。靠人背着药箱或者拖拉机在棉田里面来回穿梭，既耗费人力成本，又耗费农药。而且每一次作业都会压坏棉花，导致减产。

极飞科技用无人机在天上喷药，避免压坏棉花，给农活注入了人工智能。他们通过大数据和机器智能学习，让无人机学习识别病虫害的功能，可以诊断出哪些区域有虫害，以及是哪种类型的虫害。棉农根据“诊断报告”，安排无人机进行“定点清除”。

极飞科技从 2014 年转型做农业无人机，到 2018 年，短短 4 年间新疆将近四分之一的棉田在它的帮助下逐步实现了智能化。2021 年，极飞科技服务的范围已经扩展到新疆三分之二的棉田，让棉花从耕种到管收基本实现全周期无人化作业管理。

只有技术对接上应用场景，才能创造出真实有需求的客户。应用场景也会反过来拉动技术的进步，在场景中发现客户还未得到满足的需求，找到技术创新的方向，开拓出技术的独特之处。

第四节
从产品基因到创新基因

所谓基因，就是企业考虑问题的时候会下意识地、条件反射式地用某一种方式或从某一个领域的维度去思考如何解决一个产业性的问题。

比如前面提到的斯凯孚，会从轴承、润滑、传感的角度等方面来思考解决动力和运转系统的问题。这种基因慢慢就会变成企业的创新基因。企业可以主动地把技术基因培育成产品基因，把技术基因、产品基因上升为企业的创新基因。

针对某一类产品，当企业能够长期坚持深度研发，就能把一个领域吃透。当企业对行业、对领域有最透彻的了解时，基于产品基因要把它迭代和升级，就有具体的优势了。

所有的问题都要用创新思维来求解，所有的行动都要用创新思维来指引，要永不停歇地进行创新。企业不是为了解决问题而求发展，而是通过发展来解决问题，不是通过修补来实现进步，而是通过技术突破、创新、创造来实现跨越，企业的创新基因才会被不断夯实。

【零牌观察】广州酒家为什么要搞南越王宴?

创新基因，不仅是生产制造业和高新科技产业需要，还包括传统服务业。岭南地区的餐饮龙头广州酒家集团股份有限公司（以下简称广州酒家）就是凭借创新基因，让传统老店焕发出时代的新风采。

广州酒家始创于1935年，原名为“西南大酒家”，1973年正式更名为“广州酒家”，乘着改革开放的东风，广州酒家发展很快。

1991年正式成立广州酒家企业集团，在餐饮服务的基础上大力发展食品工业，企业规模不断发展壮大，除了有十几家餐饮门店，还兴建了大型食品生产基地，以及遍布全市的连锁食品商场，跻身全国餐饮业十强。2017年，广州酒家正式登陆A股资本市场上市。

广州酒家的发展依靠的就是创新、创新、再创新，走出了自己独特的创新之路。在近年来，广州酒家在产品创新的道路上越走越宽。

2003年，广州酒家推出一个颇有来头的“饮食文化名片”——“南越王宴”。

20世纪80～90年代，位于广州市越秀区象岗上的南越王墓被发现，被誉为近代中国五大考古新发现之一。南越国建立于公元前204年，是岭南大地上的第一个封建地方政权，促进了岭南与中原在政治、经济、文化上的交流。在饮食文化上，中原先进的烹调技艺与炊具和越地丰富的食物资源及饮食方式加快了融合，这种兼容并蓄的饮食风格一直影响了岭南地区两千多年，奠定了今天“食在广州”的历史地位。

广州酒家在宣传资料中称，与专家学者一道研究历史资料，经过近10年时间，研制出一桌包含9道菜的宴席，每道菜的菜名别出心裁[①]：雄关新道、始皇寻珍、灵渠船曲、蕃都称王、三郡升平、汉使称奇、越王思汉、赵佗百岁、南北归一。每道菜都是一个故事，均出自史料记载的九个典故，烹制方法效法当时流行的烩、烙、炮、炙等做法，连餐前小食也精心选择，这桌宴席也成为“广东十大主题名宴”。

如此特别的宴席，价格也相对昂贵。

广州酒家为什么要推这个产品呢？给谁吃？普通老百姓会吃吗？

这就是广州酒家的创新策略。

这个菜为什么而设计呢？其实，这一桌南越王宴，吃的不是菜而是概念，是文化，是历史，是情怀，是场面，是心理。

广州酒家的一句宣传语是“食在广州第一家”，它通过南越王宴来表达对岭南美食的理解，在客户心中植入自己是“广州第一家”的地位。

很多企业在做产品创新的时候，往往只局限在单品，其实更应该关注整体解决方案的创新，还要有配套的关联文化。

那么对于广州酒家而言，它的创新基因是什么呢？

是“食”！

广州酒家最核心的能力是什么？

是对食材的加工！它里面包含了企业对地方饮食文化的理解和传承。

---

① 刘妍：《广州酒家10年烹制"南越王宴"9道菜9段故事》，载《信息时报》，2003-01-06。

广州酒家是一家企业集团，既有餐饮门店、食品工业、线下连锁零售网络，同时又有线上销售体系。企业的愿景是创建百年老字号，打造国际一流的饮食集团。企业的战略是品牌扩张与资本驱动双轮驱动，加速产业链上下游的整合，以渠道整合来赋能老字号。

近年，广州酒家还收购了百年老字号餐饮品牌“陶陶居”。广州酒家通过打造大食品、大餐饮、多品牌的产业矩阵迈向全国，它的模式是餐饮立品牌，食品创规模，食品加餐饮双主业驱动企业跨量级发展。

广州酒家现在正在奔向百亿元营收规模的征程当中，2016年营收19.36亿元，2017年21亿元，2018年25亿元，2019年30亿元，逐年递增。一个以奔百亿元为核心发展目标的餐饮集团，商业模式就是“品牌可复制”。它早期的业务模式是B2C，就是餐饮门店，只是对终端消费者提供餐饮服务，现在它还有B2B业务。

广州酒家的B2C模式通过建立食品工业品牌“利口福”来实现。它有大型的现代化食品生产基地，引进了多条先进的生产流水线，生产中秋月饼、速冻食品、广式秋之风腊味、西饼面包、方便食品等8大系列共160多个品种，遍布各个街道社区的销售门店以及网上销售渠道，打通线上线下。

B2B模式既有类似南越王宴这样的面对政府端、企业端的餐饮服务，又有承接食品工业代加工的业务，其中速冻食品、中秋月饼的代加工业务发展迅速。

回到南越王宴这个产品创新的话题，广州酒家首要的目的是提升品牌知名度，奠定它在广州，乃至岭南地区的综合技术能力和地位。从食物的产品基因到饮食文化的创新，广州酒家一直没有脱离“食”的基因。“食”就是广州酒家核心的产品基因。

围绕产品基因，广州酒家不断用创新的产品来承载“食”的基因，开拓新的产业链条来孵化“食”的基因，从而迈向跨量级的发展征程。

第五节
从产品基因到产业基因

企业从产品基因入手，通过专注在某个领域，形成对某一个产业非常深入透彻的理解，在这个产业当中形成自己独特的位置，创造独特的优势，长期坚持下来的结果就是这个产业成为这个企业的基因，这就是产业基因。

如何缔造企业的产业基因？

一、海丽雅：如何缔造企业的产业基因

前面提到的青岛百年企业海丽雅，从20世纪20年代创立到20世纪70年代，一直做的还只是普通民用产品。它后来是如何跟军工产品建立联系的呢？

这个关键点出现在1977年，海丽雅获得了第一笔生产计划订单，给中国海军生产海军帽沿飘带。虽然这个订单看起来技术含量不高，但是意义重大。这为后续海丽雅相继进入海洋、航空等领域埋下了伏笔，不知不觉给海丽雅植入了军工基因。

到 2000 年，海丽雅部署新的产品战略布局，对生产设备进行技术改造，引进国外先进的织绳设备，接收多名高等院校尖子毕业生。而这次目标瞄准的是国内尚是空白领域的特种绳缆开发，其中就包括了海洋科考产品。

机会都是留给有准备的人的。在国内一次展会上，负责海洋科考的国家海洋局偶然发现了海丽雅生产的海洋绳缆。当时，国内使用的高端绳缆基本都采用进口产品，更别提科考船上的专用绳缆。但海丽雅最终凭借过硬的产品品质获得了国家海洋局的认可，为中国科考船“大洋一号”成功研发配套的深海勘探高强力绳缆，可下探至 3000 米，开创了海洋科考首次使用国产绳缆的先河。2011 年，海丽雅又成功助力“蛟龙号”下潜至 5188 米；2012 年再次助力“蛟龙号”成功下潜至 7062 米！

1977 年的订单给海丽雅植入了一个特殊基因，推动海丽雅在战略行动上有意识或无意识地朝着基因的方向前进。如今，大至航天器、海洋科考，小到汽车内置、家庭应急救援，都有海丽雅的产品。如今海丽雅拥有专利 1600 余项，成为名副其实的“中国绳王”。[①]

支撑海丽雅做多品牌、多产业布局的一个重要原因，就是它在 100 年的发展历程当中缔造了四大基因。

第一个是生活基因，指对生活的理解：生活是什么？是美、是幸福、是爱。

---

① 尚玲玲：《海丽雅董事长张旭明：从织绳女工到 " 中国绳王 " 》，载《半岛都市报》，2017-03-09。

第二个是技术基因，绳子作为一种媒介，将材料技术、工艺技术、装备技术综合在一起，变成了它的独到之处。

第三个和第四个就是上面提到的海洋基因和军工基因。凭借着四大基因，海丽雅的第七任掌舵人、现在的董事长张旭明女士非常明确地制定了四大产业布局：第一是海洋装备，第二是军工装备，第三是安全应急，第四是其他生活领域值得进入的新产业。

在这个过程当中，海丽雅还在缔造第五大基因，是什么呢？就是在新的战略布局当中明确提出的“专、精、特、新”四个字，指引企业通过技术创新实现产品创新、服务创新、市场创新和商业模式创新，面向未来创造价值，寻求发展。

商业模式创新、营销创新和运营创新是企业通向未来的三大创新通道，指引企业在持续发展的过程当中从求专、求精、求特、求新到做专、做精、做特、做新，形成企业持续发展的动力。

由此可以看出，企业在发展的过程中，如果主动把技术植入到企业的最深层次，变成技术基因、产品基因、产业基因，创新基因就会融入企业文化当中，主动成为企业发展的驱动力。

二、协同创新：自动驾驶汽车联合开发技术联盟

企业无论是要构建技术基因、产品基因，还是产业基因，其实内核都是创新，企业必须要进行自主创新。

但在今天，企业凭借一己之力独自创新已经不够，这不能支撑

做大、做强、做久。企业需要融入产业、融入社会、融入时代中去进行创新，这样才能跟着趋势往前走。

比如，专精特新企业在融入国家战略的过程中，尤其要关注基础零部件、基础电子元器件、基础软件、基础材料、基础工艺以及高端仪器设备等领域，针对这些重点领域，政府会给予更多的政策和资源支持。

在自主创新的过程中，企业不可避免地要利用社会力量、社会资源，甚至是全球资源，最直接的体现就是企业要做联合开发，做产学研合作，做技术的交易购买，以及做技术的集成应用，需要企业用开放的生态思维而不是竞争思维来对待一切的机会。企业不能只埋头创新，更要学会抬头看路，面向未来进行自主创新。

从技术基因出发，企业要主动参与国家项目，通过改变企业的创新环境，加速企业的发展速度。中小型企业要大胆参与创新平台的建设，大胆地承担国家工程，大胆地发展企业信息化，并且主动融入产业数字化的发展进程。

围绕专精特新培育体系，政府已经提供了很多协同创新的资源。围绕三大战略集群领域，国家会牵头组建创新联合体或技术创新战略联盟，在这个领域会持续给予支持和资源的倾斜，包括设施开放、建设相应平台等。

协同创新已经成为产业发展的大趋势。举一个例子，无人驾驶汽车的概念被提出后，就出现了“全球自动驾驶造车联盟”。

自动驾驶汽车产业涉及众多领域，一家汽车企业仅依靠自身无法完成整个生态链的布局。当然，还有巨大的成本压力和令人生畏的技术难度，通过和产业链上的生态合作伙伴结盟，可以快速提升自动驾驶领域的竞争力。

比如，谷歌牵头的OAA联盟包括奥迪、通用、本田、现代、三星、英伟达和德尔福等企业。联盟中的各个成员基于自身优势，扮演着不同的角色。

零部件供应商在传感零部件和自动驾驶平台技术方面享有优势；互联网公司在深度学习、神经网络等人工智能技术方面更为领先；而传统整车厂在车辆制造方面更有实力。因此，要实现量产，软硬件以及车辆整合能力不可或缺。

因此，自动驾驶的发展不能依靠竞争思维来推动，而是需要用竞和思维、生态思维，通过相融共生、共创共享来推动产业的整体发展。

1996年，耶鲁大学管理学教授拜瑞·内勒巴夫和哈佛大学企业管理学教授亚当·布兰登勃格合著出版了《合作竞争》一书。他们认为，企业经营活动是一种特殊的博弈，是一种可以实现双赢的非零和博弈。企业的经营活动必须进行竞争，也必须有合作，这是一种合作竞争的新理念。

在竞合理论指导下的产业生态思维，能够给企业带来多方面的良性效应，除了规模效应和成本效应之外，主要包括协同效应和创新效应。

协同效应使企业之间进行信息交流，有助于降低内部管理成本，提高组织效率。同时，通过资源互补，产生1+1>2的协同效应，节约了企业在资源方面的投入，减少了沉没成本，使企业整体的竞争力得到提升。

创新效应是指产业生态思维可以让合作的企业近距离相互学习，从而有利于企业间传播知识、创新知识和应用知识，同时也有利于企业将自身的能力与合作企业的能力相结合，创造出新的能力。

因此专精特新企业必须用产业经营思维来指导战略，才能寻求跨量级发展。

第六节
从创新基因到文化基因

当创新成为企业的文化，创新基因升华为文化基因时，企业的创新能力就会越来越持久。

一、企业文化的“外化”和“物化”

如何把“创新”变成企业的文化基因？用什么东西去承载呢？

企业文化包括精神文化、制度文化、物质文化和行为文化。

如果企业有创新文化，自然会有源源不断的新技术被开发出来，新专利被申请创造出来。如果企业对有成果的新技术、申请到的专利和创新型人才进行表彰，那么就会在企业里形成一种潜移默化的文化。

“表彰”更多的是一种精神文化，仅仅有精神层面还不够，还要有物质文化。

物质文化是什么？物质文化不是说一定要用钱来体现，而是精神文化的外在表现。我们都知道国家科学技术进步奖，“科学技术进步奖”的牌匾本身就是一个物质载体，就是物质文化，它对人的内心起着非常重要的激励作用。另外，它可以被称为一个“制度文化”，树立人物标杆，根据标杆来建立模型，成为可学习、可模仿的行为。

企业的文化建设应该是长期的，千万不要到了出现危机的时候临时抱佛脚。企业应该在日常的制度、言行中体现出自身的文化特征。

“创新”是苹果公司的标签。在苹果公司，首先会要求设计师出 10 个方案，期望设计师们有足够的创新空间，在没有限制的情况下进行开放式创新。然后公司会从中挑出 3 个方案来仔细研究，最终决定出一个最优秀的方案。另外，如果某位员工在使用产品时发现需要改善的地方，就可以直接去解决、完善它，无须通过各种层级审批。

二、今日头条为什么能抓住短视频机遇

接下来讲一个关于创新文化的案例。大家知道现在非常火爆的抖音、火山视频，其实都是北京字节跳动科技有限公司（以下简称字节跳动）旗下的 App，原本一个做文字信息分发的平台，怎么做起了视频？

2015 年，字节跳动旗下的今日头条的模式逐渐成熟，一位同事注意到今日头条上短视频内容的流量非常大，很多用户进入 App 之后会直接点开视频，根本不看文字。

这位同事把这个发现汇报给领导之后，公司立马敏锐捕捉到这一需求点。字节跳动并没有抱着试一试的机会做一个视频 App 先看看，而是推出了一批短视频 App，这就是互联网里经常讲的 All In（全力以赴）。后来，用户量过亿的 App 就有三个：西瓜视频、火山视频、抖音。

如果是其他公司，可能不会做出和字节跳动同样的选择，但它为什么能这样做，并且有一个好的结果呢？

我们从三个维度来解读。

首先，从招人开始，字节跳动的面试非常看重一个人是不是"拥抱变化"，追求稳定、希望岗位职责明晰、一成不变的人就不会被聘用。

其次，字节跳动构建了一个非常开放的信息环境。

2017 年，随着字节跳动快速扩张，公司内部平台里出现了不少匿名吐槽帖和泄愤帖。据说公司管理层花了将近 1 个小时来讨论是否有必要把内部平台进行实名制，后来高层达成一致：没有障碍地让信息传递也是一种坦诚。一旦实名制，就会失去正常情绪的表达，造成信息衰减。①

这就是创新文化的行为外在表现——信息畅通，要做到允许不同的声音存在实在是不容易，这需要领导者不断提高心性，克服"自我"。

所以，如果这个员工在一个没有创新文化、创新环境的公司，那么这个机会只能是别人的机会。

---

① 梁宁：《梁宁·增长思维 30 讲》，载得到 App。

可见，当企业主动地进行精神文化、制度文化、物质文化和行为文化建设的时候，当企业把创新作为一个引领，在精神文化、制度文化、物质文化和行为文化当中找到具体落地路径的时候，久而久之，文化最终就会转化成企业各种各样的创新成果，让企业成为客户不可或缺的依赖，能与国家级、世界级的企业形成紧密的战略合作关系，最终转化成企业经营发展的持续动力。

所以，专精特新企业一定要从基因层面去考虑独门绝技，要把它内化为技术基因、创新基因，从而融入企业的血脉。

结语

技术是专精特新企业的生命之源，从单一技术出发，到建立起技术矩阵，专精特新企业要有练就独门绝技的决心。企业要用产品来承载技术，用创新思维来求解，才能在产业当中形成自己独特的位置，创造独特的优势，锻造出历久弥新的创新能力。

第六章

团队制胜

专精特新企业的组织力建设

6

过去，中国的市场环境造就了一大批自然成长的“冠军”。然而今天，国际贸易摩擦加剧，原材料、人工成本大幅度提升，疫情常态化……这些企业还能够像过去一样保持增长吗？还能成为更大的“冠军”吗？

企业必须依靠组织力。组织是一个有机体，就像一个人一样，它有思想和行为，有大脑和四肢，它能够适应环境的变化，能够瞬间反射式地应对环境的变化。

如何将打造冠军产品的能力从领导者转移到组织身上，摆脱对核心人物的过度依赖，是专精特新企业必须要去思考的问题。人的寿命是有限的，企业要“长寿”，就要靠组织力。

专精特新企业采用利基战略，走“专精特新”的道路，迈向世界冠军，不但要技术为王，还要团队制胜。

第一节
绿宝石：发展缓慢，还是厚积薄发

广东肇庆绿宝石电子科技股份有限公司（以下简称“绿宝石”）是广东省专精特新企业。我们从 2014 年开始和这家企业合作，这几年绿宝石发生了根本性的经营变化，这些变化奠定了该公司未来十年战略的方向和持续的动力。

绿宝石的主营产品是液态电容器，也叫铝电解电容器。在创业之初，随着 LED 行业的蓬勃发展，这家公司驶上了“快车道”。

2014 年绿宝石销售收入大约为 1 亿元人民币，但当时面临一个很大的问题：LED 行业竞争非常激烈，增长空间非常有限。董事长刘泳澎萌生了转换“赛道”的意愿，刚开始很艰难，当时绿宝石 90% 的销售收入都来自 LED，我们一起讨论未来绿宝石到底怎么走。

根据最新销售预测，绿宝石 2021 年营收规模会达到 2.2 亿元。2014 年 1 亿元，2021 年 2.2 亿元，看上去好像增长不那么快。

但绿宝石的收入结构发生了很大的变化。

过去，这家公司 90% 的收入来自 LED，全部是铝电解电容器，即液态电容器。但今天，液态电容器的收入只占 35%，固态电容器已经占据 60% 的比例。

同时，在绿宝石的业务机构中，还出现了一个新型 5G 级产品——超级电容器，这款产品占比 5%。可见，绿宝石的收入结构正在逐渐由液态电容器的单一产品结构转变为固态电容器占据主导，液态电容器、超级电容器并存的三大产品的收入结构。

再看一下 2.2 亿元的预计销售收入中，5G 电源，即快充领域将占据 60% 的比例。LED 领域从之前占比 90% 下降到了 15%。这个业务结构符合整个行业大势的发展，也奠定了未来企业持续发展的基础。

虽然绿宝石的发展速度并不快，但是结构调整得非常好。

通俗来讲，战略是什么？战略就是变化。为了实现持续发展，企业需要不断调整营收结构，不断孵化新的业务增长点，甚至到了一定程度要创造新的增长极。

战略解决什么问题？其实是解决持续发展的问题。

而这些变化来源于什么？

2014 年，我们做战略研讨时提出：未来几年，电容器市场将发生巨大的结构变化，在过去以液态电容器为主体的市场中，固态电容器的需求开始增多。

虽然，当时市场上超级电容器还没有出现，但是其技术开发、产品开发以及应用研究已经在接近商品化的方向了，而绿宝石当时全部都是液态电容器。

所以，刘泳澎提出必须往固态电容器领域全力突破。当时，绿宝石在肇庆的工厂边租了一个车间，专门研发固态电容器的样品。为了解决技术开发的问题，绿宝石还联系了美国、德国、日本的技术专家一起通力合作。当时，刘泳澎还提出要着手研究超级电容器，以寻求战略突破。

绿宝石提出结构调整的想法后，我们建议：要找到目标客户和拓宽应用场景。

过去，绿宝石的公司只在肇庆，要布局出去，要到深圳、北京、上海这些地方去。尤其要开发世界级客户，比如华为。要进入华为是非常难的，但绿宝石通过技术性营销，包括展会、技术研讨会，吸引了华为技术副总裁的关注，最后成功进入华为供应商体系。

后来，小米也跟过来了，浪潮集团现在也是绿宝石的客户。可见，这些年绿宝石的客户结构发生了很大的变化。

接下来，面向未来十年怎么求发展？

最近我们和董事长刘泳澎在一起讨论时，他又提出绿宝石接下来要打造橄榄型收支结构，主体营收以固态电容器为主，但传统的液态电容器不能丢掉，要转型做高端产品。另外，要利用好当下的市场机会，在超级电容器领域寻求突破。

超级电容器的应用领域非常广泛，包括储电、数据储存、应急逃生领域、电梯、高铁、汽车等行业。比如，一旦发生暴雨，高铁停运怎么办？超级电容器就可以提供应急电力。

目前，绿宝石的超级电容器订单已经实现了从“0”到“1”的突破。

在战略落地的过程中，绿宝石也逐步意识到要抓住市场风口期，快速跟上新业务，一定要利用好团队的能力。

但具体怎么做到，考验的就是企业的组织力了。

企业经营不只是靠技术，还要依靠营销、制造、品牌等。

第一，树标杆。

在超级电容器这个领域，要抓住先机，就必须树标杆客户。一旦标杆树起来，其他客户就会源源不断跟过来。

第二，树权威。

技术权威包括企业的技术权威和技术专家的权威，特别是超级电容器领域的国家级专家，我们建议绿宝石要打造技术 IP。

第三，提高市场应对能力。

包括快速打样、缩短交期、快速交货的能力。

第四，扩大客户数量。

根据相关的研究报道，2022 年我国超级电容器的市场规模将达到 1000 亿元，它的应用领域非常广泛，包括交通领域（高铁、地铁）、电力系统（风力发电）、军工装备（激光武器）、重工机械（炼钢应急电源）、日常生活（节能电梯、电梯应急）等，一旦用上超级电容器，这些领域就会产生革命性的变化。

2021 年下半年，绿宝石又开启了新的战略研讨，他们正在加速奔向 10 亿元营收规模的征程，同时在考虑从新三板转战主板。

企业发展需要厚积薄发。

企业一旦采用利基战略，再以专、精、特、新为抓手深入钻研，积累到一定程度后就会形成自己的技术和产品基因。这时一旦对接到新的产业机会，企业就会迎来爆发性增长。

厚积薄发考验的是企业的战略定力。发展缓慢没有关系，关键是有没有发展质量。现在，刘泳澎提出新的发展目标：要把固态电容器做到国内第一，超级电容器做到全球第一。

我们非常看好绿宝石的发展，相信它很快会成为国家专精特新“小巨人”企业。

第二节
技术好≠卖得好，提升技术组织力是根本

经济学家约瑟夫·熊彼得说：创新是市场和发明的新结合。

专精特新企业以技术为王，技术为王是因为有独门绝技。但这个技术不能理解为单一的、狭义的技术。如何将单纯的技术转化为技术竞争力？

技术竞争力包括以下三个方面的内容。

一、新概念技术力

“概念”是产品内核，技术是概念的源泉，“概念”即企业对客户痛点的捕捉和理解能力。新概念技术力包括两方面：一是基于技术创造概念的能力和基于概念开发新技术的能力；二是基于新的技术创造新的产品概念，用新的概念来创造新的方案、新的需求，这就叫新概念技术力。

松下（中国）前总裁、零牌木元塾塾长木元哲先生曾说过：企业最高水平的营销，一是不售而售，二是一次就把方案做对。

技术能力不仅仅表现在企业的技术水平上，更重要的是要集中反映在市场上。技术能力是一种组织能力，比如企业开发了多少有市场价值的原创技术成果，开发了多少强力产品，创造了多少销售增量和利润增量，这才是真正的实力，这些都必须要依赖团队的力量。

研发的本质是客户需求的技术实现。技术部门第一要满足客户的消费偏好，第二要持续进行技术创新、产品创新和服务创新，然后为客户提供整体解决方案。

基于技术创新，呈现在外部的叫产品竞争力。技术竞争力如何转化成产品竞争力？这集中表现在三个方面。

第一，畅销新产品推出的数量和节奏。

第二，新产品创造的销售增量和利润的贡献。

第三，有市场价值的原创技术成果。通过原创技术开发产品，新产品又会带来原创技术，这为其他领域的产品创新奠定了基础。所以，企业要由技术创新力上升到产品创新力。

在瑞典，有一家做淋浴喷头的企业，一直在致力于研究如何让人们以一种更环保、更节能的方式洗澡沐浴：怎样尽可能地让人们在洗澡时少用水，但同时又感觉不到水少了。这家企业找到了一个解决方案：在水喷出的那一瞬间把空气打进去，空气和水融合以后会让每个水滴都变大。洗澡时，人感觉不到水量的变化，但实际上比平时少用了 1/3 的水。

再举一个例子，“V 产品认定制度”在松下公司非常有名，这里的 V 既代表胜利，又代表触底反弹。凭借“V 产品认定制度”，松下公司有效应对了自创业以后的首次亏损，并且为之后市场地位的建立奠定了非常扎实的基础。

松下公司要求，所有事业部门每年最少开发一种“V产品”，在产品计划书中必须用一句话说明产品给用户带来的价值：为客户提供……，创造……的价值。此外，“V产品”还必须是同行业中首创的产品，必须能够预见客户的问题和需求，在满足客户需求的同时还要能创造出新的需求和客户价值。

依靠“V产品认定制度”，松下公司开发了很多畅销产品，最有名的是Panasonic LUMIX数码相机，凭借这款定位年轻女性、色彩鲜艳、具有防抖功能的数码相机，松下公司在小型数码相机的市场占有率从1.1%提升到了19.4%。[①]

二、新功能高性能技术力

新功能高性能技术力是利用技术来实现产品升级和迭代的能力。新功能指的是企业从“0”到“1”打造一款产品的过程。高性能指的是将新功能的性能值从“1”提升到“10”的过程。

任何技术都有极限，包括生物极限、物理极限、化学极限等。一代新技术在发明之初，与老一代技术在性能上相比没有绝对优势，但随着技术改进、性能提高，加上应用端的拉动，成本大幅下降，老产品逐步退出市场。当技术成熟，性能逐渐接近极限，再也无法

① 〔日〕木元哲、祖林：《卓越企业的经营哲学》，广州：广东经济出版社，2017。

突破的时候，新产品的生命又将终结，人们开始寻找下一代新技术。

《创新者的窘境》一书中写道：那些大公司失去领先地位的原因在于以客户为中心、良好的管理和理性的决策。因为一项新技术在初始时往往性能不好，用户体验差，市场小众，不被大公司重视，以致于使后者错失宝贵的市场机会。

一个最典型的案例就是柯达相机。按理说，处于行业领先地位的柯达公司比其他同行更能意识和感受到行业的前沿技术。事实也证明，第一台数码相机的原型来自柯达公司。柯达公司曾经在数码相机的研发上砸重金，但出于“理性”考虑，柯达公司仍然把业务重心放在传统的相机上，以至于整个组织还沉浸在过去巨大的成功中。

微信刚诞生时，大家都认为它“界面简陋，功能差”“无法直接给手机发信息，和QQ没什么区别”。而当时只有张小龙，这位被誉为“微信之父”的前瞻领导者在内部说：微信是一种生活方式。[①]之后微信飞速成长，而比微信早几年的其他工具却鲜有人问津。

无论如何，专精特新企业必须做好三代产品规划，加强技术研发投入，才能随着老产品生命周期的终结，通过及时导入新产品成功跨越“死亡谷”，实现持续经营。

道理很容易懂。但是在实践过程中，企业要冒巨大的风险。事实上，双童公司在2007年就已经开发出聚乳酸可降解吸管。但2017年以前销量少得可怜，几乎连1%的比例都占不到。直到

---

① 宋玮：《张小龙：走出孤独》，载《财经》，2014（8）。

2018年3月，可降解吸管业务突然迎来爆发，占2018年全年销量的一半，比前面10多年的销量加起来还多。

双童公司创始人楼仲平说：无论什么行业，都面临竞争过剩的问题，创新要冒很大的风险。企业投入很多资源进去，但很长一段时间都看不到回报，这个过程是非常孤独和寂寞的。有时候，的确是靠信念。

三、技术组织力

专精特新企业要做到在技术上求专，求精，求特，求新，在做的过程当中做到做专、做精、做特、做新，并且把技术优势上升到组织力。

什么是技术组织力？

技术组织力是指对所开发的成果（技术、产品或解决方案）从源头保证质量、降低成本和缩短交期（可制造性）的流程管理能力，以及保证开发过程高质量、低成本和短周期的项目管理能力。这需要通过技术创新拉动制造技术的升级，用更短的时间推出新产品。

日东电工株式会社（以下简称日东电工）在1918年创立之初，就确立了要成为一家“技术导向型公司”的目标。日东电工陆续开发出黑胶带、防腐剂胶带等产品，确立了自身在电绝缘材料领域的地位，后又以贴、涂、黏合技术为基础，不断发掘新的细分市场，先后生产出电气绝缘铸造和成型产品，以及汽车涂漆面所用的保护膜等一系列冠军产品。

日东电工有50多亿元人民币的规模，它的净利润率高达22.5%。每年，日东电工销售收入的30%以上都来自近三年开发的新产品。所以，他们的秘诀在于“三新行动”，即不断开发新产品、寻找新用途、创造新需求。

具体来讲，“三新行动”有几层含义：第一是开发新产品，第二是用新产品寻找新应用，第三是在新应用领域去创造新的市场需求。日东电工按照现有技术、新技术、现有市场、新市场四个维度来划分产品类型。

比如，日东电工最早是做电绝缘胶布的。后来，他们在胶布里加入一些药物，就开发出了日常生活中使用的创可贴。在医疗这个新的场景中，日东电工又开发出用于皮肤吸收治疗的医用胶带，比如哮喘病病人把这个胶带贴在喉咙处便可缓解症状。所以，“三新活动”是日东电工成长到今天的根本原因。

日本隐形冠军企业的一大秘诀是**聚焦利基市场，基于客户需求提炼差异化产品概念，制定产品开发目标，然后进入具体的研发阶段；从新材料开发、生产工艺等方面对细分领域进行长期的技术钻研，形成核心技术，并在打造出一款明星产品后把技术DNA沉淀下来，从而打造出更多的产品。**[①]

---

① 祖林：《拜技主义：打造“日式产品力”之魂》，载《中欧商业评论》，2020（7）。

第三节
技术如何转换成看得见的“营销竞争力”

传统的制造业公司基本上都认为有技术就有市场，有关系就有订单。

对于专精特新企业而言，大部分是技术为王，技术是强项，但技术不仅要呈现在产品上，还要贡献营销，变成企业的营销竞争力。

企业的营销竞争力包括四个方面：传播能力、交易能力、服务能力和营销创新能力。

一、传播能力

传播能力是通过新技术、新概念创造传播穿透力。如果企业拥有技术优势，就完全可以做到打造新概念，用新技术实现快速传播，穿透市场做到人人皆知。

美国通用电气公司是工业界著名的“戏精”，它的业务扩展至能源、运输、电子工业、航空航天等，近些年不断面向大众刷存在感。

2016年，它联合美国电商网站Thilliest推出了一款辣椒酱，其原料来自特立尼达莫鲁加毒蝎椒，被誉为世界上最辣的辣椒之一，更有意思的是瓶子的材质选用了航空发动机、宇宙飞船外壳的尖端材料——碳化硅陶瓷复合材料。它代表了全球航空航天材料的最尖端水平，重量是普通材料的2/3，耐高温2000摄氏度。

这可不是通用电气的副业，而是一场策划的公关活动，它想表达的是“通用电气就在我们身边”的理念。

这不是个案。通用电气甚至有一支专门的队伍负责“导演”这一切。此前，通用电气曾搭建了一个高12英尺（约3.66米）、安装了7个智能传感器以及一整套分析软件的巨型烤肉架用来烤肉。在精密工业控制技术的帮助下，每一块肉都能被均匀地以合适的温度烘烤，并且做到实时监控。

无论多么高深、专业的技术，通过一场烤肉表演，就可以毫无门槛地传达给普通老百姓。他们付出的成本是什么？一座烤肉架，但通过现场卖烤肉几乎赚回了成本。通过一块烤肉，让一种高精尖的技术被解释成了浅显易懂的语言，被人接受。这是通用电气这场演出的关键所在。①

二、交易能力

交易能力强的专精特新企业自然会有亿元级单品和单项冠军产

---

①　刘爱国：《追赶世界的中国科技，还差一个营销总监》，载《钛禾产业观察》，2020（1）。

品，自然会迈向“小巨人”企业和制造业单项冠军企业。

所谓交易能力，就是跟客户达成业务合作的能力，也就是销售成单的能力。

专精特新企业大多是技术为王，有独门绝技，通常都有好产品，但是普遍销售能力不足，市场拓展乏力。造成这样的结果，主要原因有两个：一是不重视营销，二是不会做生意。

第一，专精特新企业一定要重视营销。技术就是营销，生产（交付）也是营销，营销就是经营。领导者一定要放下技术人员的架子，走进市场一线，融入现场和消费场景，不是用技术思维工作，而是用营销思维、经营思维思考和行动。

第二，专精特新企业要学习“生意经”，加速提高交易能力，从领导营销迈向团队营销、组织营销。为此，可以从六大方面着手强化企业的交易能力：融入产业生态，链接合作机会；充实营销团队，培养营销干将；技术性营销，跟客户联合开发；全员营销，一体化作战；在商言商，学会做生意；服务型营销，为客户提供战略陪伴。

（1）融入产业生态，链接合作机会。突破狭隘的行业概念，尤其要发挥自身技术优势，用好公司现有专家级人才，链接行业专家、产业专家乃至国家级专家、世界级专家，链接龙头企业、生态级企业，参与生态级产品打造，打通新技术、新材料、新工艺、新装备、新产品和新方案，使公司在产业当中找到自己的位置，成为产业建设的参与者，而不是简单地为“抓单”而营销。

（2）充实营销团队，培养营销干将。大部分专精特新企业都是中小企业，营销一定要吸收人，吸收牛人，没有人才引入很难实现跨量级发展。

好的人才会吸引好的人才，好的客户也会吸引好的客户，这叫同边效应；好的人才会吸引好的客户，好的客户也会吸引好的人才，这叫跨边效应。用十年愿景和五年战略吸引人才加入团队，拉动营销团队升级，导入产业人才是专精特新企业突破的“牛鼻子”。

（3）技术性营销，跟客户联合开发。通过技术研讨、技术培训、技术服务、技术应急和技术传播等途径，树立专业权威，帮助客户解决问题，从而切入客户、寻找机会。一旦第一单成交，就要创造机会参与客户的新技术开发和新产品开发，竭尽全力跟客户达成战略合作，跟客户联合开发。

（4）全员营销，一体化作战。决定是否成交的条件通常有六个：技术、质量、交期、服务、特殊要求和价格，缺一不可，只是权重不同而已。因此，新客户开发需要公司所有部门参与，共同服务客户，就像交响乐队一样，营销部门是指挥，大家协同演奏、集体创作。技术性营销活动是序曲，新客户开发是第一乐章，客户关系建设是第二乐章，而战略陪伴则是第三乐章。

（5）在商言商，学会做生意。开发新客户的过程中绕不开的关键环节就是商务谈判，也就是议价，专精特新企业的技术天性很容易使自己掉进待价而沽的清高状态，尤其是领导者，一般不愿意匹配客户期待的价格。

但是，这毕竟是商业行为，是生意场，因此，领导者要放下技术人员的架子，在商言商，一方面要有价格定位，另一方面又要有所变通。对于不同产品、不同客户、不同机会、不同时间要有策略地进行价格讨论，毕竟，客户价值不是看某一个产品，而是以年为单位评估客户给公司带来的销售收入和利润。

当然，学会做生意，不要只靠领导，而要靠营销干将辅佐领导，技术性领导者一定要找到一起奋斗的“五虎上将”，由领导营销迈向团队营销。

（6）服务型营销，为客户提供战略陪伴。成交不是一次性的，不论是 B2B 业务还是 B2C 业务，要持续经营，公司不可能做一锤子买卖，重复购买的长期客户（固定客户）才是营销的目标。成交之后，进入客户关系建设的阶段，其本质是创造持续的客户满意度，与客户保持长期合作，这就需要全员参与服务型营销，创造客户感动。

显然，要跟客户长期合作，只有出色的产品是不够的。交易能力的最高境界，就是给客户提供战略陪伴——成为客户不可或缺的依赖。这就需要公司在技术迭代、产品升级、服务创新和战略性发展方面跟上时代的步伐，跟目标客户携手未来，不然就会被优秀的客户抛弃。

三、服务能力

无论是 2B 还是 2C 的企业，营销创新能力往往是传统企业很容易忽略的。对于专精特新企业而言，技术性营销是关键，也就是用技术来实现营销，它包括技术性的服务和打造技术 IP，不断壮大粉丝群，通过服务的创新来强力吸引粉丝，形成客户黏性，扩大客户池。

举一个早期的例子，1995 年，格兰仕在进入微波炉市场之初，为了培养用户的使用习惯，采取了类似技术营销的举措，有媒体称之为“知识营销”，格兰仕与报刊合作，宣传微波炉使用常识，同时还编制了《微波炉使用大全及菜谱 900 例》，这是当时最全的微波炉食谱，使得格兰仕成为微波炉的代名词，这个形象深入人心。

广东有一家企业叫白云化工实业有限公司，这方面做得也可圈可点。这是一家做化工材料的企业，通俗来讲，它生产的是门窗幕墙用到的胶。这家企业每个月都开技术培训课，通过线上和线下的形式给用户专门讲怎样选材，选胶水时要注意什么，施工、维护注意事项等。

这家企业的受众主要是工程师，后来这些工程师慢慢变成了技术粉丝。随着这些粉丝年龄的增长、阅历的提升、社会层次的提高，最后变成了高级工程师、首席工程师、副总经理、总经理。

四、营销创新的能力

高明顺成陶瓷企业集团以前很少宣传顺辉瓷砖品牌（以下简称顺辉），只是默默地专注产品，以品质制胜市场并打造口碑。接触过顺辉的泥水工和消费者赞之为“品质过硬的瓷砖品牌”，读懂顺辉的业内人士认为其具备建陶行业“隐形冠军”的实力。

2017 年以来，顺辉的“品牌画风”大变，在品牌建设上开始全面发力，通过创新营销、升级品牌和坚守匠心，踏上“开挂之路”。

首先是创新营销，以内容焕发活力。

顺辉不惜重金投入，签约影视明星作为品牌形象代言人，以此为契机、动力和抓手，顺辉继续大手笔投入，打出了一套精彩的营销组合拳：连续在央视、“中国之声”等中央媒体和高铁、机场、高炮、公交、电梯等户外媒体投放广告；与央广网、百度、新浪、腾讯、太平洋家居网、中国陶瓷网等门户网站展开深度合作；陆续开通抖音、淘宝、京东直播平台，充分利用微信公众号、微信服务号、微信视频号、微博等自媒体平台发声；创建“5·16超级品牌日”，打造品牌IP；通过拍摄情景剧和举办“顺辉英雄岛设计大赛”、《顺辉公益大讲堂》、“顺辉设计中国行”等形式多样的活动，持续输出优质原创内容……

2021年“5·16超级品牌日”期间，顺辉收获了超过1亿的曝光量，便是这一套营销组合拳达到出色效果的有力证明。

第四节
任何一家企业，本质上都是服务型企业

一、为什么要转型成服务型企业

在发达国家，制造业存在“两个70%”现象，即服务业产值占GDP比重的70%，制造服务业占服务业比重的70%。

据赫尔曼·西蒙称，在他调研的隐形冠军企业中，除了有10%的企业没有纳入记录外，隐形冠军中平均有15%的收入来自服务及配件。以全球第二、欧洲第一大专业清洁设备制造商Hako公司为例，他们的设备销售收益只占到20%，其余均来自设备租赁、维修、项目规划和咨询服务。

为什么服务型制造业会成为趋势？

第一，在微笑曲线当中，制造环节处于价值曲线的最底端，企业如果仅仅依靠加工制造来赚取一点加工费，很难满足企业可持续发展的要求。向服务型制造转型是传统制造业拓展盈利增量空间、重塑竞争优势的一条必由之路。

第二，除此之外，在打造产品差异化越来越难的情况下，服

务成了赢得竞争的有力手段。尽管中国的挖掘机品牌在技术、质量水平上和韩国同行相当，且价格略贵，但部分客户还是选择中国公司，因为大部分操作工人缺乏经验，而中国公司提供的培训十分到位。

服务带给客户的软性价值将远远大于产品带给客户的硬件功能，只有服务型制造才能帮助企业抓住并留住一大批高端的忠诚客户。

第三，服务是接触客户的有效途径。

当客户在某一个领域碰到了问题，既然企业在该领域有技术独到之处，就和客户做技术研讨、协同开发，这也是一种服务。

这种服务不管能否盈利，最重要的是要做，因为这是企业接触客户最有效的途径和与客户建立信任的重要契机。

客户在技术层面和企业交流，是没有“防范心”的，是信任企业的。当企业的技术能够贡献于客户的时候，自然会优先获得青睐的机会，第一笔订单、第一个样品有可能就走在同行前面，所以企业要大胆地做服务型企业。

二、打造服务型企业的五条路径

今天，制造型企业变成了服务型企业，界限越来越模糊。

制造和服务结合，一是基于制造的服务，即基于现有制造能力可以给客户提供什么服务？二是基于服务的制造，即客户需要提供什么服务，为此要增加哪些方面的制造能力？

两者叠加在一起，就变成了面向服务的生产和面向生产的服务，企业就由传统制造型企业变成了全新的服务型企业。过去企业讲整体解决方案，讲硬件、软件、人才；现在企业要完全变成一个服务型制造商，要融入客户各种各样的具体场景当中。

经济合作与发展组织（简称 OECD）是由 38 个市场经济国家组成的政府间国际经济组织。根据该组织的定义，如果一家传统制造型企业的服务收入占据了销售收入 30% 以上的比例，就可以被称为服务型制造。换句话说，如果要实现从制造型企业向服务型制造的转变，必须把服务收入提高到销售收入的 30% 以上。

专精特新企业必须学会用服务来统领制造，这也是客户思维取代产品思维的重要方式。

作为专精特新企业，应该如何快速转变为服务型企业呢？无论 2B 还是 2C，奔向服务型企业都有五条路径。

1. 技术培训

这是最容易创造价值增量的服务业务，也是传统企业迈向服务型企业的第一条路径。

比如做注塑机的厂家，可以为客户提供模具设计和维护、设备使用和保养，以及注塑设备的 TPM 全面生产维护辅导。

领导电器品牌推出“新厨房 4 件套”，包含烟灶蒸洗四大件，能够帮助消费者解决烹饪前、中、后的问题，为现代家庭带来烹饪整体解决方案。除此之外，企业还开设功能体验馆，为消费者提供美食课程，这就是技术性服务。

2. 联合开发

为客户配套原材料或者零部件的企业，在规划产品和新产品企划阶段参与到客户的业务流程中，与客户进行一体化作战。比如，为肥胖的人制作单件定制服装，为独腿的特殊客人定制鞋子，让客户参与设计。

3. 系统解决方案

即站在客户的角度帮助客户提高效率、降低成本，把关联业务进行一体化整合，一次性给客户交付价值。

海德堡公司（以下简称海德堡）是全球服务型制造企业最早的典范，它为客户提供的是更高层次的系统解决方案。

他们是如何做的呢？比如，有客户要采购海德堡印刷机械，海德堡就会了解以下问题：客户采购这台设备是做什么用？是生产系统改造还是新厂建设需要呢？如果是现有工厂改造，目前已有哪些印前、印中、印后设备？采购这台设备是要发挥什么作用？

如果需要，海德堡有印通软件，这款软件可以把不同品牌、不同型号的设备全部打通，一步到位。这款软件可以做费用成本的预算，为企业报价提供相关指引，并且可以随时了解流程进度，包括预计何时完成订单，最终成本是多少等。

如果要做新厂规划，海德堡首先要了解新厂规划整体的目标，其次帮助企业做新厂规划，包括设备方案、工厂布局、投资指引以及工期建设的安排，甚至提供融资服务。

除此之外，海德堡可以为客户提供全面培训，包括设备培训，印刷企业的精益生产培训，全面生产维护TPM的培训，甚至帮助企业培养色彩专家。此外，海德堡的服务还包括远程诊断和维护服务。

海德堡通过硬件、软件、系统、技术服务和人才培养，为客户提供一整套完整的解决方案。

4. 售后服务产品化

通常而言，客户会觉得保质期内的售后服务是理所当然的，但保质期结束以后，客户还是需要服务的。售后服务本身是有价值的，企业务必把售后服务开发成服务产品，并且主动向客户进行推荐。

售后服务产品要基于客户的应用场景进行结构化、系列化的开发，把软性服务变成有形化、可视化，让客户直接判断是否采购，最好还能够打通企业边界，把相关的服务资源整合到服务产品当中。

例如，在海德堡之后，GE医疗业务也推出了远程诊断服务，并且拓展出全球医疗专家会诊服务，把医疗诊治部分打通了。

5. 信息化和平台化的服务

为了使客户以最快的速度获得全面服务，企业应该建立服务平台，利用信息系统来实现和客户的实时互动，使得客户在线上能够问询业务、技术交流、技术培训、业务下单、跟进订单、业务讨论、方案研讨和寻找资源等，用IT的手段为服务赋能，放大服务的价值。

事实上，服务型企业的背后体现的是企业的“事业概念”。比如一家生产母婴用品的企业实际上从事的是“爱”的事业。企业拥有“事业概念”后，不仅可以拓宽市场容量，同时还可以使企业的经营理念和社会价值更好地结合，以贡献社会、贡献人类，让企业具备更长久的生命力和持续的竞争力。

第五节
皇冠上的明珠：企业为什么要做“顶级市场”

一、质量的跨量级发展

基于技术的提升，企业能够实现质量的跨量级发展吗？

企业市场分为低端市场、中端市场、高端市场、极品市场和顶级市场。

什么是极品市场？

比如飞机就是个极品市场。这不只是精品质量，还是极品质量。每一架飞机都是极品，不能出问题。

比极品市场更高的是顶级市场。

顶级市场是什么？火箭、宇宙飞船……这是顶级市场。它的批量很小，有可能就是一件或两件，但对产品的要求绝对高。

所以，针对这五个层次的市场，对应有五个质量层次。

对于低端市场来说，企业要达到基础质量，做到客户基本满意。比如，在街边小超市买的一块钱一包的卫生纸。客户对质量要求不会特别高，基本不投诉、不退货，满足基本使用功能。

中级市场，比如 10 万元到 20 万元的中级轿车，各方面质量都要做到客户满意。

高端市场，比如 30 万元以上的高端汽车，要做到精品质量。什么叫精品质量呢？精品质量就是六西格玛级的质量，就是做到客户感动的质量。六西格玛级是什么？就是市场不良率为 3.4PPM（PPM，百万分之一的缩写），而且给客户惊喜、感动，这个是高端市场的精品质量要求。

极品市场要求极品品质，极品品质是超越六西格玛级。为什么说坐飞机的安全性比坐汽车还更高？因为它有全流程的极品质量管理要求，达到了超越 3.4PPM 的质量等级。

而到顶级市场如火箭、宇宙飞船，要求绝对品质，绝对品质是什么？要做到绝对可靠，做到真正零缺陷。

但是，如果给企业的订单只有一个，又要企业持续研发投入，订单金额又很少，虽然有一些特别的补助，但还是入不敷出，这对企业来说有商业价值吗？要做到绝对可靠，做到零缺陷，这对企业来说有意义吗？

其实，企业所需要的是整体。

企业的整体是基于技术持续开发，最后转化成各种各样的产品呈现给市场。

如果有一个产品是皇冠级产品，属于顶级市场，企业能够跟火箭、宇宙飞船级别的产品形成业务服务。这样的案例就是皇冠上的明珠，皇冠上的钻石。

这会给企业带来品牌效应和持续的技术驱动力。

要解决顶尖市场、顶级产品、绝对质量的问题，企业要在新材料的开发、新工艺的开发、新装备的开发和软件集成等一系列综合服务上下足功夫。

二、要管理升级，更要做质量投资

一个点的突破，就可以带来其他领域的广泛应用，获得突破性的机会。所以，企业不能孤立地去看所谓极品市场或顶级市场的需求。

企业发展的质量跨量级从基础质量到全面质量、精品质量、极品质量、绝对质量，要达到这样跨量级的突破，企业不但在管理上要升级，更要做质量投资。

如果没有质量投资来寻求突破，靠小打小闹、小步快走、渐进式的改善是不能形成质量创新的。

质量创新有两大途径：第一是管理升级；第二是质量投资。

质量投资体现在什么地方？

河南焦作的多氟多是全国工业互联网大赛百强，它的智能化工程就可以帮助企业实现质量的突破。

我们曾组织企业家到访多氟多，在生产运营指挥中心参观了多氟多智慧云平台。该平台运用数字孪生技术，在物理园区之外再造了一个数字化的 1:1 虚拟多氟多，操作人员只要点击鼠标就能透过建筑和设备看到核心的技术参数。

李世江提出，希望通过数字孪生技术，对生产过程、管理过程做到一眼看全，一眼看穿，一眼看透，一竿子到底。

一眼看穿包括两个维度：一是工艺过程，从每一条生产线到每台设备以及每条管道内物质的流向；二是装备爆炸图，完整详细理解装备的拆装，看到工艺内部的机理模型。

多氟多背后的理念是“隐形知识显性化，显性知识软件化”。董事长李世江提出，用数字化手段将知识和经验进行固化和封装，形成数据模型，并赋能干部和员工。

从多氟多的数字化案例可以看到，整个加工工艺流程系统数字化以后，可以形成模型和规律，自学习、自动优化工艺条件，不需要人工干预，通过这样的质量投入把企业的工艺流程做到最佳。

所以，要由技术创新力到质量创新力，这样才能满足企业可持续发展的需要。

三、企业是社会公器

做企业做到一定程度，企业家贡献社会、报效祖国的内在驱动力就会变强。

松下幸之助曾提出：经营的第一理想应该是贡献社会，以社会大众为企业发展考虑的前提才是最基本的经营秘诀。

松下幸之助在创业、疾病、税收、经济等现实问题中逐步悟出企业经营的本质，提出了“企业是社会的公器”“人才培养与委任式经营”“产业报国”“改善人们生活质量”“素直心”等一系列经营理念层面的思想指引、思考方法和行为准则，为企业未来的发展指明了方向，至今仍然影响着后人。

在山东威海就有这样一家企业，为突破“卡脖子”工程，十几年来一直选择“脱富致贫”。

【零牌观察】山东威海拓展纤维的“脱富致贫”之道

10年不挣钱，投入几十亿，为突破“卡脖子”，这家民营企业选择“脱富致贫”。

从日本进口一台设备，还要经过其他国家的批准？

陈光威原本已经与日本设备方达成协议：从后者进口一条宽幅碳纤维预浸料生产线。

但却在出口审批时突然遭到了其他国家的驳回。

当时陈光威所在的光威集团主营业务是渔具，上游原材料正是碳纤维，这是一种被誉为“黑色黄金”的战略材料。

它虽然仅有头发丝1/10的粗细，但拉伸强度却是钢的7～9倍，比重仅为钢的1/4。它被广泛应用于军事及民用工业的各个领域，尤其是航空航天领域。

正因为如此，发达国家对碳纤维实行产品、技术、装备“三封锁”。

然而，这条生产线对光威集团而言意义重大，必须力争。在经过反复协商后，驳回方终于松了口，同意委托一家国际机构来威海进行调研，调研持续数月，最终形成一本几百页的调研报告。

当时，因为该驳回方曾经向上海出售过一条窄幅的生产线，一是已有先例，二来光威集团只是一家渔具民营企业，生产预浸料只是为鱼竿提供原材料，不做其他用途。

这条生产线才得以顺利引进。

如今，20年的时间过去了，光威集团早已摆脱了当初受困于人的局面，成为中国少数几个掌握航空航天用碳纤维制造技术的企业之一,一举打破国外的封锁垄断，改变了世界碳纤维格局。

光威集团先后突破了一系列碳纤维关键核心技术装备和工艺瓶颈，成为最早实现碳纤维产业化和碳纤维核心装备国产化的民营企业。

1. 跳出院墙、围着院墙转

碳纤维被称为“新材料之王”。

虽然前景广阔，但对于大多数企业而言，不敢轻易涉足。

一来碳纤维生产路径长，工艺复杂，涉及跨学科领域多；二来发达国家对碳纤维实行全产业链封锁。中国无处可学，被迫只能走上自主研发的道路。

然而，碳纤维研发周期长、见效慢、风险高。尽管有国家政策的扶持，但直到20世纪90年代，国产碳纤维技术依然没有取得根本性突破，碳纤维产业也没有建立起来。2005年以前，军需和民用碳纤维100%依赖进口。

在这样的背景下，当时光威集团引入的这条碳纤维预浸料生产线使得国内碳纤维预浸料第一次实现了自主生产。

饱受进口之苦的国内企业仿佛见到了一丝久违的曙光，纷纷排着队到光威集团来购买预浸料。

这条生产线在当时无疑就是一台印钞机。

最风光的时候，光威集团在银行没有一分钱贷款，账上有6亿元的现金存款。

这让陈光威敏锐地意识到：碳纤维这类新材料将来会是一个非常广阔的市场。

而那时，对碳纤维涉入不深的陈光威还没有意识到这种新材料对于国防军工的重大意义。

但紧接着，新的问题又来了。

碳纤维预浸料是有了，可预浸料的原材料碳纤维还是受制于人。

当时有一句话生动形象地描述了这种情况："通知性涨价，赏赐性供给。"产量不自主，价格不可控，这使得中国碳纤维产业的发展完全处于被动地位。

据回忆，当时光威集团的每笔碳纤维进口业务都要办理用户承诺函，以说明产品购买的最终用途，最后由商务部盖章，再发往日本企业申请出口，手续过程相当烦琐。

而随着民用航空的发展，欧美国家对碳纤维的需求量日益增大，在总供给量固定的情况下，中国急需寻找新的碳纤维来源。

当时，光威集团是世界上重要的渔具生产基地，每年需要的碳纤维就达到上千吨。

出于长远的布局考量，陈光威提出"跳出院墙，围着院墙转"的企业发展战略，即不再满足渔具的生产，而是逐步向产业链上游延伸。

2. 踏上"脱富致贫"之路

当然，越往上游走越涉及基础研发，难度也就越大。

经过各方调研，陈光威发现国内几乎没有生产碳纤维的企业，有也只是停留在实验室阶段，无法大批量生产。

陈光威决定拿出一两百万美元先探探路，看能不能走得通，走得通就继续干，走不通就当交学费。

这用现在时髦的话来讲叫精益创业、小规模试错。即使最后没有研发出高性能的碳纤维，也可以运用在渔具上，不存在大的浪费。

在很短的时间里，陈光威抽调了公司的一批精兵强将，组建了一只秘密队伍，专攻碳纤维原丝。

这时候的陈光威还不知道，他踏上的将是一条"脱富致贫"的道路。

陈光威得知，中国石油天然气股份有限公司吉林石化公司（以下简称吉林石化）正在进行碳纤维生产。他兴奋至极地来到该企业，到了企业才发现，原来只是一条很小的生产线，根本无法满足光威集团的生产需求。

但幸运的是，一个人进入了陈光威的视野。

在吉林石化进行技术座谈时，陈光威发现技术专家陈光大很有见地，他从1966年就开始从事碳纤维研发工作，在这个领域积累了深厚的经验。回到光威集团之后，陈光威就计划将他招致麾下，担任技术带头人。

三顾茅庐后，陈光大终于被其打动，退休以后加盟了光威集团。

在技术负责人陈光大的带领下，光威集团制定了数个供碳纤维试验研究的工艺路线。白天陈光大提出设备改进意见，晚上陈光威带领技术人员连夜加班，在第二天早晨陈光大上班之前完成修改任务。

当时，为了把创想快速变成现实，光威集团还专门成立了一家生产设备的公司，叫威海光威精密机械有限公司，以这家公司为基础快速地进行工艺试验和技术改造。

2002 年，在无数个日日夜夜的努力下，光威集团终于在投入 100 万美元后，建立了吨级的原丝小试线和碳化小试线，生产出了高强度的碳纤维样品。

这时候，威海拓展纤维有限公司成立，标志着光威集团正式跨入了碳纤维领域。

3. 民营企业 VS 国家队

同一时期，在距离威海五百多公里的北京，时任国家主席的江泽民收到了一位耄耋老人的来信。

信中提道：我国国防科技存在两个隐患，其中之一就是高性能碳纤维的生产不能立足国内。碳纤维是发展先进歼击机和导弹必需的复合材料的重要组成部分，必须立足国内生产。

写这封信的人正是中国新材料之父、中国战略科学家师昌绪院士。

很快，这封信抵达了江泽民同志的手里，碳纤维材料的研发引起了国家领导者的高度重视。

科技部很快成立了专项课题组。

小组成员包括中科院等科研机构以及部分高校，此外还有一家国有企业。在专家组看来，因为碳纤维研发周期长、见效慢、风险高，民营企业几乎不可能担此重任。

一年之后，专项迎来了中期验收。

当时，以东丽、东邦、三菱丽阳等为代表的日本企业在全球碳纤维产业中居主导地位，其技术、产品规模、应用均处于世界领先地位。国内碳纤维的研发均对标日本东丽系列产品，当时，日本东丽的主流产品是 T300。

验收结果让人感到失望，参与单位中没有一家可以达到 T300 的水平。

而那时，光威集团这支埋头苦干的民营部队，还没有引起专项小组的注意。

时任威海科技局科研管理科科长孙玉忠正在竭尽所能地通过各种渠道，希望能够把光威集团的研发成果推介给科技部。

在经过无数次的联络和申请后，光威集团终于迎来了专家组的到访，后者同意给光威集团提供一次测评机会，同样参与盲测的还有 5 家单位。

光威集团的碳纤维项目终于可以和“国家队”一决高下了。

半年之后，盲测数据出炉。尽管还是没有一家能够完全达到日本东丽公司 T300 级碳纤维的水准，但是只有光威的产品在强度、模量和伸长率三个基础指标上和 T300 最接近。

没想到，一家做钓鱼竿的企业还能够做碳纤维？

这个结果令专家组和其他参与单位深感意外，有人质疑光威集团是不是把国外的产品拿来在设备上过一遍，就说是自己生产的？为了公平，时任国家科技部副部长马颂德亲自到光威集团的生产线上取样，没想到，结果比前几轮的测试数据还要好。

终于，光威集团赢得了加入专项小组的机会，承担了一系列“863”计划。

2005年，光威集团研制的T300级碳纤维通过“863”计划验收，这标志着我国首次拥有了自己的产业化碳纤维，一举打破了国外封锁。

由此，专项也调整了重点支持方向，引入了国有企业和民营企业公平竞争的机制。

与此同时，国产碳纤维在军事领域应用的巨大前景也吸引了不少参与者。此后几年，国内碳纤维企业陆续上马，最多的时候大约有三五十家，但光威集团一直处于领先地位。

4. 10的6次方个试验

为什么是光威集团，光威集团凭什么能做到？

在光威集团入局之前，中国的碳纤维一直没能突破从实验室到工业化生产的阶段，当然这里面有体制、机制、基础科学等多方面的原因。

除此之外，不能规模化量产的原因主要有两点：一是成本降不下来，二是质量不稳定。最终要实现量产，就必须在原材料、设备、工艺之间进行不断匹配和平衡。

一位院士曾说过：要把碳纤维研究透，一共要做10的6次方个试验，按照每天做10～20个的进度，要做上千年。

如何在短时间内迅速突破？

无论是碳纤维渔具生产积累的硬件设施还是产业化经验，与科研机构相比，光威集团都有得天独厚的优势。

一个想法出来，也许科研院所还在到处找设备和生产线的时候，光威集团就已经在自己的设备上做试验了。

产品做出来，性能不稳定，如何判断问题点？按照常规思维，所有可能的因素都要试一遍。而有经验的技术人员会判断大概率，从最有可能的方面去入手进行试验。

据威海拓展纤维有限公司总经理丛宗杰介绍，碳纤维整个生产流程下来有三四千个控制点，每一个控制点都能对最终的产品质量产生影响。

投身碳纤维研发，就像一场漫长的战斗，需要持续不断地发现问题，解决问题。

早期光威集团从国外进口的碳化炉大多是淘汰下来的，而高温碳化炉是航空航天领域高性能碳纤维的关键设备。

陈光威在使用过程中发现国外进口的碳化炉中石墨材料腐蚀严重，最后经过检修和排查才发现原来是炉内进了水汽。经过多次试验，他才找到了氮气气封装置这一解决方案。

那时，陈光威很注重现场管理，每天和工人一起倒班，发现问题就立刻找原因，商讨解决方案。

有一次，陈光威在现场提出：为什么光威集团生产的碳纤维在断裂时会发出“嘭”的一声闷响，断口呈放射状，而国外同类先进产品在断裂时会发出“啪”的清脆声音，断口非常整齐。

虽然是一个很不起眼的细节，但却道出了碳纤维性能的本质区别——碳纤维均一性的问题。而回顾光威集团的碳纤维研发历程，大部分时间都在致力于解决这个问题。

在碳纤维研发的过程中，专项组的专家们曾提醒生产单位一定要关注微缺陷，当时很多人不以为然，但只有陈光威听进去了，不懂就学，听完就改。

正是这种孜孜不倦、低调务实的精神，让光威集团成为国内第一家实现碳纤维产业化的民营企业。

5. 狠砸几十亿，倾其所有，义无反顾

很快，身为国家队正式队员的光威集团陆续取得了一系列成绩。

2005 年，国内建成第一条 GQ3522 百吨级高性能碳纤维生产线。

2008 年，国内建成第一条 GQ3522 千吨级碳纤维产业化生产线，并实现连续稳定运行。

2009 年，建设“碳纤维制备及工程化国家工程实验室”。

2010 年，突破 GQ4522 碳纤维核心技术，并实现工业化生产。

成绩背后，是实打实的真金白银的投入。

砸钱不一定能做出碳纤维，但做碳纤维一定得砸钱。

在碳纤维工程化的最初几年，光威集团的一间仓库里摆满了各种废旧设备，随便一台价格都在几百万元左右，与一辆进口高档轿车相当。

有员工开玩笑说：每开工一天，就相当于砸烂两辆宝马 7 系轿车。

靠着“军品优先，以民养军”的策略，渔具业务为碳纤维的研发提供了一部分稳定且持续的资金支持，但这远远不够。

据威海拓展纤维有限公司副总经理张顺回忆，10 年间，光威集团每年都有两个 8000 万元可以说有去无回：贷款利息 8000 万元、研发投入 8000 万元。

当时的存款加上每年渔具业务产生的利润，加上另外通过各种渠道从银行获得的贷款。截至 2012 年，光威集团先后投入几十亿元人民币。除了国家给予一部分支持外，其余全部依靠自有资金和贷款。

很多时候，研发都处于等米下锅的状况。最穷的时候，拥有 5000 多名员工的光威集团连续 20 多天账面上只剩几万块钱。

为了让研发不中断，光威集团曾把所有渔具生产的厂房、设备甚至订单全部抵押，融来了资金。

年逾花甲的陈光威也不得已把自住的房产抵押出去，银行人员上门时，老伴含着眼泪用颤颤巍巍的双手在抵押文件上签字。

但即使如此困难，光威集团的研发也没有止步，而是不断开发更高性能的碳纤维：T300 级、T700 级、T800 级、T1000 级……

陈光威在生前曾说过：碳纤维研发就是一条脱富致贫、回头无岸之路，必须要有壮士断腕的精神，倾其所有，义无反顾。

2012 年，GQ3522（T300 级）产品终于实现稳定量产。光威集团迎来爆发，成为国内碳纤维行业首个盈利的企业。

紧接着，2013 年国产 QZ5526 碳纤维（T800 级）开始验证，这是国家主导的材料应用重大项目，目的是筛选出下一代航空装备用主力碳纤维材料。验证经历了非常严苛的过程，光抽样和测评就持续了三年。

最后，光威集团在稳定性和性能两项测试中均拔得头筹。

在长达十余年的蛰伏中，光威集团有无数个可以放弃的理由，面临无数个放弃的关头，但是它最后还是选择了坚持。

如果说，刚开始走上碳纤维这条路是陈光威出于商业价值的考量，那么长达十几年并坚持投入数十亿去干一件眼下看不到任何经济效益的事情，又作何解释呢？

如果用一个词语来表示这种持续的驱动力，那就是——使命。

茨威格在《人类群星闪耀时》一书里说过："一个人生命中最大的幸运，莫过于在他年富力强时，发现了自己人生的使命。"

不仅是自己，陈光威还带动了一批人投身到碳纤维这项事业中。

2017 年光威复材在深交所上市之前，券商机构对企业做尽调，发现高管团队的收入低得惊人，券商中就有人质疑这家企业缺乏成长性。

而从另一个角度来看，正是这一群不计金钱回报的人，挑起了民族大梁。

在商业社会里，有一条正确但少有人走的路，那就是"利他就是利己"。

现在翻看光威集团的业绩，其上市公司光威复材的股价自 2017 年上市至今已经涨了 10 倍，市值更是超过了 500 亿元。

不经一番寒彻骨，怎得梅花扑鼻香。

如今，斯人已去，可他却留下了让国家和民族受益千秋的事业。

第六节 “危机感”驱动企业持续增长

一、冠军地位是否稳固

兰彻斯特法则认为：一个企业的市场份额只有达到41.17%才是相对安全的。如果市场份额低于26.12%，冠军地位就不稳固。只有达到73.88%，这样的市场占有率才能达到“独占”，即无论面对多少个竞争对手，都无法撼动其冠军的地位。

据中国信息通信研究院发布的《专精特新“小巨人”企业发展报告》显示：即使在4762家国家级专精特新“小巨人”企业中，也只有大约12%的企业处于绝对龙头的地位，还有20%的企业市场占有率在10%以下，属于极度不稳定的状态。

在2930家第三批专精特新“小巨人”企业中，95.9%的企业已经从事细分领域10年以上的时间，尽管如此仍然时刻存在地位不保的风险，但再加上技术迭代和环境与政策的不确定性，不排除整个行业突然没落的情况，企业必须深刻意识到即使拥有冠军产品，也要时刻保持警惕。

稻盛和夫曾说过：京瓷在创立之初，属于无经验、无技术、生产单一产品的公司。

正因为是门外汉，稻盛和夫才会担心单一产品存在的巨大风险。只要单一产品被淘汰或者随时代变迁而退出历史舞台，公司就面临倒闭。

正因为是门外汉，稻盛和夫担心自己对专业了解不深，才会为了掌握某项专业技术东奔西走，为了请来某位技术大拿不惜三顾茅庐。这种危机感推动了源源不断的新产品的出现，让企业摆脱了依靠单一产品发展的局面。

相反，一些大公司过去过于成功，导致了盲目自信。最典型的就是柯达，在1980—1990年期间，赫尔曼·西蒙曾是德国柯达董事会成员。事实上，1983年柯达就已经意识到要向数码转型了。因为在那时候柯达就把自己定义为一家成像公司，而不在乎用什么技术来实现它，并且很早就生产了第一代柯达数码相机。

但柯达的转型为什么还是失败了？根本的原因在于过去柯达太成功了，以至于柯达员工严重依赖传统成像技术，仍然认为柯达相机拥有最高的成像质量，是最好的产品，数码相机只是个补充，根本没有意识到整个行业正在发生翻天覆地的变化。

可见，企业是否有风险意识和危机意识，是可持续发展的必要条件之一。

二、未来 VS 现在：中日冠军大 PK

1. 对风险和可持续性的关注

前文曾提到过日本 GNT 评选，可以简单理解为日本隐形冠军的评选。

基于经济发展水平的差异，日本 GNT 企业评选可以被看作是一种选拔性的评选，即优中选优。而从梯度培育的角度出发，中国国家级专精特新“小巨人”是一种达标性质的评选，最终目的是培养全球产业链领航企业。

GNT 评选的指标主要分为收益性、战略性、竞争优势和国际化四个方面。中国国家专精特新“小巨人”的评选分为经营效益、专业化程度、创新能力和经营管理四个维度。

对比而言，日本 GNT 的评选标准更聚焦在对企业未来发展的可持续上，可见危机感始终贯穿企业的发展。

“战略性”这个评选标准分为定量和定性。

定量标准包括以下三点。

第一，有多少项隐形冠军产品？

第二，客户数量是多少？日本企业非常强调企业经营的安全性，必须分散风险。企业必须依靠若干客户赢得全球数一数二的市场地位，而不是依靠某个大体量客户。

第三，过去五年里，单项冠军产品占销售收入的比例是多少？这涉及增长结构的问题。任何产品都有生命周期，加上技术的迭代，以及环境的不确定性，企业不能沉湎于老的单项冠军产品，要持续开发新的冠军产品，这样才能形成销售持续增长。

定性标准包括以下两点。

第一，是否有成型的 5 ～ 10 年战略规划，战略举措是什么？

第二，全球单项冠军产品的经营目标是什么，在哪些领域创造单向冠军产品？

中国的专精特新“小巨人”评选，除了对经济效益、产品质量等共同的关注点之外，在定性方面更看重产品和技术方面的指标，比如关键领域补短板、产品关键性能指标等，它是对企业过去取得成绩的认定。

日本 GNT 评价体系更看重对企业未来发展的可持续性，本质是风险意识。

三、如何扩大市场份额

对于地位还不是那么稳固的专精特新“小巨人”企业而言，如何不断巩固和扩大市场占有率呢？

第一个对策是和客户联合做技术开发，参与到客户前端的技术开发当中。

日本电子株式会社创立于 1949 年，销售规模大约为 60 亿元人民币。它拥有 11 种全球隐形冠军产品，占有率最高达 70%。该公司主要生产的产品是超级显微镜，客户主要是全球各大院校的研究人员。

它的成功之处在于和全球各大院校的研究人员保持密切的联

系，融入客户的最新研究方向上，通过和前沿客户紧密联系，使得自己在超级显微镜领域的专业性上始终保持在全球最前列。

第二个对策是大力推进品牌化，小公司也要重视品牌，低端业务的品牌化也可以扩大企业的市场占有率。

第三个对策是重视对知识产权的保护，防止技术泄露，被竞争对手获取。

第四个对策是接受拥有公信力的第三方机构对企业技术水平进行评价，形成高端评定和品牌的传播。

做得好的隐形冠军企业是如何追求持续增长的？

针对 GNT 获评的 113 家企业，我们对采取的市场战略进行调查，结果如下。

- 28.3% 专心于 GNT 本业，尽量避免轻易进军其他领域。
- 69% 利用核心技术进军其他领域。
- 45.1% 开拓核心技术进军其他领域。
- 8% 注重与大型企业客户的关系，不轻易开拓新客户。
- 54.9% 开拓新客户、新业务，构筑不被客户经营情况所影响的业务体制。

总结下来，有以下四点。

第一，不断开发新客户，而不是沉湎于老客户身上。如果企业停止开发新客户，就意味着开始衰退。

第二，用好核心技术，拓展核心技术的应用场景，企业一定要尽可能把核心技术价值最大化。

以富士胶片公司为例，它把胶卷上用来防止褪色的抗氧化技术应用到了化妆品领域。富士胶片公司 2019 年的营收高达 1530 亿元人民币。而相比之下，柯达在 2012 年申请破产保护之后就悄无声息了。

第三，专注在自己的细分领域。

第四，不断增加核心技术，进入其他的领域。

冠军尚且如此努力，那些奔赴在冠军路上的专精特新企业，又怎敢懈怠？

结语

做企业永远无法一劳永逸，“长寿”是最高的标准，时刻保持“危机感”是企业实现可持续发展的必备条件。“长寿”有多难？看一个数据就知道了：中国每年约有 100 万家企业倒闭，平均每分钟就有 2 家！ 8000 多万中小企业，平均生命周期只有 2.9 年。超过 98% 的中小企业成立 10 年内就会消亡。

一个企业很容易消亡，尤其是在企业小，实力不够强大的时候，任何一个战略上的错误都有可能为企业带来灭顶之灾，例如核心知识产权被窃取、对大方向或主航道判断错误、资金链断裂……

但实际上，从时间维度去审视，就会从日本企业身上领悟“长寿”二字的真正意义。

专精特新企业跨量级突破战训营

助力企业实现营收过亿破十奔百

课程背景

企业发展徘徊不前，营收增长乏力，净利润连年下滑……

原因何在?

- 没有从自然发展过渡到战略发展
- 仍然延续过往的经营管理模式

专精特新跨量级突破战训营，助力企业

- 在量级坐标中寻找企业定位
- 牵住跨量级突破的“牛鼻子”
- 构建高质量发展的增量系统

用大目标拉动强实力，助力企业打破徘徊局面，过亿破十奔百!

课程价值

- 帮助企业家建立三大“量级”概念
- 了解不同量级企业的主导驱动因素
- 建立突破徘徊困境的增长型思维
- 精准牵住跨量级突破的“牛鼻子”

上课方式

现实案例 + 实战研讨 + 成果输出

战为目标，训为手段；战训结合，训战一体

课程内容

【过亿】战训营

第一天	第二天	第三天
打破徘徊跌宕困局	专精特新：过亿之道	打造亿级组织
差异化竞争战略定位	打磨冠军单品	过亿人才突破
实战研讨： 如何实现过亿小目标	实战研讨： 如何打磨亿级单品	

【破十】战训营

第一天	第二天	第三天
打破徘徊跌宕困局	打造单品龙头	奔十亿组织改革
BLM 领先战略规划	奔十亿品牌突破	奔十亿“五虎上将”
实战研讨： 如何找到破十爆破点	实战研讨： 如何升级十亿战斗力	

适用对象

董事长、总经理及高层管理者

课程时长

三天两晚

详情咨询

谢老师 15210511977（微信号）

中企联播·名师讲堂部分名师

刘承元

丁晖

顾立民

谭长春

翟杰

祖林

刘秉君

包·恩和巴图

名师讲堂

中企联播·名师讲堂现为公益讲座，
未来将发展成知识付费平台。

中企联播·名师讲堂
欢迎企业经营管理者加入！

中企联播·名师讲堂欢迎
天下名师大咖的合作！

联系方式：010-68487630
王老师：13466691261（同微信）
请注明合作内容及方式